国家中药材产业技术体系（CARS-21）
国家社会科学基金青年项目"工业化后期阶段中国对外直接
应及优化对策研究"（编号：19CJY049）
国家社会科学基金一般项目"我国对外直接投资的产业转移
（编号：14BJY088）

经济管理学术文库·经济类

中国对外直接投资的产业转移效应研究

A Study on the Industrial Transfer Effect of China's
Outward Foreign Direct Investment

聂 飞／著

经济管理出版社
ECONOMY & MANAGEMENT PUBLISHING HOUSE

图书在版编目（CIP）数据

中国对外直接投资的产业转移效应研究/聂飞著 . —北京：经济管理出版社，2019.9
ISBN 978 - 7 - 5096 - 6783 - 5

I.①中⋯　Ⅱ.①聂⋯　Ⅲ.①对外投资—直接投资—产业转移—研究—中国　Ⅳ.①F832.6

中国版本图书馆 CIP 数据核字（2019）第 154148 号

组稿编辑：曹　靖
责任编辑：任爱清
责任印制：黄章平
责任校对：陈晓霞

出版发行：经济管理出版社
　　　　　（北京市海淀区北蜂窝 8 号中雅大厦 A 座 11 层　100038）
网　　址：www. E - mp. com. cn
电　　话：（010）51915602
印　　刷：三河市延风印装有限公司
经　　销：新华书店
开　　本：720mm×1000mm/16
印　　张：10
字　　数：201 千字
版　　次：2019 年 10 月第 1 版　　2019 年 10 月第 1 次印刷
书　　号：ISBN 978 - 7 - 5096 - 6783 - 5
定　　价：68.00 元

前　言

  跨国资本流动与产业转移的互动关系一直以来都是国际经济学领域的热点问题。对外直接投资作为母国资本输出的主要方式之一，不仅能遵循比较优势路径对外转移产业链进而作为对外产业转移的有效手段，同时也能通过影响母国产业结构并形成国内产业分工地位和区域空间布局调整的重要动力。自 20 世纪 90 年代以来，在第四次全球产业转移浪潮深入推进的背景下，我国承接了大量来自发达国家的劳动密集型产业资本，形成了以加工贸易制造业为主体的产业结构，获得了显著的经济增长"红利"。近年来，由于劳动力等要素成本提升和区域制造业发展失衡问题愈演愈烈，以及在世界范围内贸易保护主义有所抬头，我国加工贸易制造业的可持续发展遭遇瓶颈。借鉴发达国家的对外直接投资经验，基于提升国内产业层级和促进区域产业协调发展的整体取向，我国加快实施"走出去"战略，在加快输出传统制造业产业链的同时，也为国内新兴制造业的加快发展创造更多可能。然而，大多经典国际投资理论未能将国际和区域产业转移作为对外直接投资的必然结果；经典产业转移理论也较少将开放经济条件下的对外直接投资因素考虑在国际和区域产业转移的动因范畴之内。因此，本书研究对外直接投资的产业转移效应具有重大的理论和现实意义。

  本书在对相关文献进行系统梳理时发现，对对外直接投资与产业转移关系的研究缺乏统一的分析框架，诸多理论和实践问题仍亟须探讨。其中，对外直接投资与对外产业转移关系的研究往往缺乏对投资动机因素的系统论证，忽略了产业转移区位选择上的梯度特征，尤其未能对过度产业资本输出所引起的产业空心化问题进行实证检验。对外直接投资与承接国际产业转移关系的研究仅局限于一国双向资本流动的表面联系，尚不足以解释对外直接投资对承接国际产业转移的影响路径。大多数对外直接投资与区域产业转移关系的研究未考虑国内区域间产业投资的空间联系，缺乏检验两者关系的事实证据。此外，在归纳评述有关理论基础时发现，国际投资理论分别解释了发达国家和发展中国家的国际投资的动力和条件，而产业转移理论则主要分析了国际产业转移和区域产业转移的动因和模式，事实上两者存在一定的交叉性。基于既有研究和理论联系，本书为了全面研究对外直接投资与产业转移的关系，一方面，从统计数据层面阐释对外直接投资与产业转移的关系；另一方面，分别探讨了对外直接投资的对外产业转移效应、产业空心化效应两类直接效应，以及承接国际产业转移效应和国内区域产业转移效应两类间接效应的发生机制，并综合运用到跨国、省际及城市层面面板数据进行实证分析。

首先，本书系统分析了我国对外直接投资、对外产业转移、承接国际产业转移和国内区域产业转移的发展现状，重点揭示目前我国对外直接投资和制造业转移的行业、区位特征及所存在的问题等，体现了两者的变化规律和数据联系；其次，本书以制造业为例，分别从不同视角实证检验了对外直接投资的产业转移效应。

第一，基于贸易结构视角，结合 2003～2012 年中国对 113 个国家的投资和贸易面板数据，运用 Heckman 选择效应模型分别估计了中国两类对外直接投资的动机和贸易结构效应，并据此判断对外产业转移效应的存在性。研究发现：中国"顺梯度"对外直接投资主要为资源搜寻型，其目的在于获得发展中国家丰富的生产要素，降低生产成本，中国"逆梯度"对外直接投资主要为技术搜寻型，其目的在于获得发达国家先进的生产技术，提高产出水平；中国"顺梯度"对外直接投资会引发初级产业向发展中国家转移，导致本国出口减少，进口增加，中国"逆梯度"对外直接投资则会有效提升国内制造业生产水平，增加出口规模，促进与发达国家的制造业内贸易；在金融危机之后，中国通过对外直接投资对发展中国家的初级产业转移步伐加快，而与发达国家的制造业内贸易显著加强。

第二，基于资本要素视角，结合 2003～2013 年中国省际面板数据，运用系统 GMM 方法检验中国所面临的制造业空心化类型及阶段。研究发现：制造业对外直接投资规模的过快扩张会造成中国制造业资本存量的缩减和实际利率的上升，制造业资本会向虚拟经济领域流动，制造业资本—劳动比下降，进而出现"离制造化"现象；相较于资本密集型和技术密集型制造业，劳动密集型制造业对成本变化具有高度的敏感性，受对外直接投资的资本挤出更明显；相较于东部地区，中西部地区制造业结构单一且更为要素密集型，对外直接投资会通过利率传导机制削弱中西部地区制造业的竞争优势，在新兴产业发展不足的情形下，更容易发生"离制造化"现象；在金融危机之后，因产能输出的需要，中国制造业对外直接投资增速加快，资本净流入对国内制造业资本形成促进作用减弱。

第三，基于结构传导机制视角，结合 2003～2013 年中国省际面板数据，运用系统 GMM 方法分析了中国各类动机对外直接投资对承接国际制造业转移的影响。研究发现：中国对外直接投资对承接国际制造业转移有着显著正向影响，细分各类动机对外直接投资的结构传导机制构成了中国承接国际制造业规模扩张的主要原因。分行业来看，受益于效率搜寻型对外直接投资、市场搜寻型对外直接投资和技术搜寻型对外直接投资，中国通过分工地位优化、过剩产能输出和反向技术溢出，显著增强了对资本密集型和技术密集型制造业的承接力度。分地区来看，相较于中西部地区，东部地区受资源瓶颈和工资上涨的约束更大，资源搜寻型对外直接投资和效率搜寻型对外直接投资的承接国际制造业转移效应较为明显；相较于西部地区，东中部地区技术吸收能力更强，技术搜寻型对外直接投资的承接国际制造业转移效应则较为明显。

第四，基于本地市场效应视角，结合 2003～2012 年中国城市面板数据，运用系统 GMM 方法分析了中国各类动机对外直接投资的国内区域制造业转移效应。研究发现：东部城市对外直接投资对中西部城市制造业规模有着显著正向影响；受效率搜寻型对外直接投资的影响，东北部城市、北部沿海城市和东部沿海城市向中西部城市的"扩张型"制造业转移较为明显，而受技术搜寻型对外直接投资和市场搜寻型对外直接投资的综合影响，北部沿海城市和东部沿海城市向中西部城市的"衰退型"制造业转移较为明显。进一步研究发现，在金融危机之后，东部城市技术搜寻型对外直接投资有所增强，并扩大了对中西部城市传统制造业的转移规模，且东部城市对中西部不同层级的城市的制造业转移效应均存在差异。

本书的主要创新之处在于：

第一，根据已有理论研究整理对外直接投资的产业转移效应的可能发生路径，构建对外直接投资影响母国对外产业转移、承接国际产业转移和国内区域产业转移传导机制的一体化分析框架。

第二，结合中国对外直接投资动机和东道国禀赋的差异，对"顺梯度"和"逆梯度"对外直接投资进行了明确界定，综合运用跨国面板数据检验了对外直接投资对中国初级产业和制造产业进出口贸易结构的传导效应，进而为判断是否存在对外产业转移以及转移特征提供精确证据。

第三，基于对制造业"空心化"的严格定义和类型区分，首次尝试将资本要素因素纳入 Romer 的多部门模型中，推导演绎了对外直接投资通过资本账户的实际利率传导效应对中国制造业资本—劳动比重的影响，并运用省际面板数据检验了中国对外直接投资可能带来的制造业"空心化"现实以及地区、行业差异性。

第四，通过拓展现有对外直接投资和利用外资表象关系的研究，认为可能存在对外直接投资影响母国国内制造业发展比较优势的动态转换，进而决定利用外资规模和结构性特征的传导路径，本书主要在实证模型中加入对外直接投资与动机因素的交互项，据此运用省际面板数据判断中国差异化动机对外直接投资对承接国际制造业转移的影响以及地区、行业差异性。

第五，根据中国对外直接投资"东部地区集聚，中西部地区薄弱"的区域分布不平衡现实背景，将对外直接投资对东部地区制造业国际市场规模和区内市场规模的综合影响作为我国制造业由东向西转移发生的路径机制。同样地，本书在考虑了东部地区对外直接投资动机差异化的基础上，运用距离平减因子构建了包含东部地区对外直接投资、动机因素以及两者交互项等影响因素的中西部地区制造业规模实证模型，并使用城市面板数据进行了相应检验。

目前对外直接投资的产业转移效应研究尚未形成体系，对外直接投资与产业转移关系的研究还比较匮乏且研究方法有待进一步改进。本书进行尝试性分析，以期推动我国对外直接投资与产业转移关系的研究进展。当然，由于企业层面和行业层面投资数据的匮乏，使本书无法探讨企业行为的微观机理，同时本书研究也没有提供产业转移指标的测度方法和探讨各部门的转移规律，这是本书的一个遗憾，也是进一步努力的方向。

目　录

第一章　绪论

第一节　研究背景

对外直接投资（Outward Foreign Direct Investment，OFDI）作为"二战"之后各国参与国际分工的新方式，一直以来都是各界重点关注的问题之一。基于发达国家企业的跨国经营实践，对外直接投资逐渐发展成为一个独立而富有内涵的概念①。中国企业对外直接投资兴起于20世纪末，与美日等世界主要发达国家相比，具有起步晚、规模小的特点。自2000年"走出去"战略提出并实施以来，中国对外直接投资规模呈现稳步上升的趋势，日益成为中国参与国际经济合作的重要渠道。商务部对外直接投资统计公报显示，截至2013年，中国对外直接投资流量和存量分别达到1078.4亿美元和6604.8亿美元，分列全球第3位和第11位；此外，中国企业"进军"国际市场的广度和深度都有所增强，2013年中国1.53万家国内投资者在国外共设立对外直接投资企业2.54万家，分布于全球

---

① 在对对外直接投资概念的理解上，由于机构出于不同的侧重点和研究目的，在定义上也会存在差异。权威机构大多基于投资者获取长期利益、资金跨区域转移、对投资企业的控制力和长期经营这四个维度对对外直接投资进行定义。如国际货币基金组织（International Monetary Fund，IMF）将对外直接投资定义为：投资者在所在国家以外的国家（经济区域）所经营的企业中拥有持续利益的投资，主要目的在于对该企业的经营管理拥有有效的发言权。经济合作与发展组织（Organization for Economic Co-operation and Development，OECD）则将对外直接投资定义为：某一个经济体系中的常驻实体被另一个经济体系的常驻企业控制的投资，这反映了企业与国外实体间的长期关系。此外，联合国贸发会议（UNCTAD，2003）在参考IMF和OECD关于对外直接投资的习惯用法基础上，也提出了类似定义。我国商务部《对外直接投资统计公报》（2013年）也对对外直接投资概念进行了专门界定，即对外直接投资是指我国企业、团体（境内投资者）在国外及港澳台地区以现金、实物、无形资产等方式投资，并以控制国（境）外企业的经营管理权为核心的经济活动。由于统计公报中仅公布了拥有或控制10%以上投票权或其他等价利益的非金融境外企业的投资总额数据，故本书将对外直接投资统一界定为非金融类对外直接投资。

184 个国家或地区，年末境外企业资产总额已达 3 万亿美元。中国在承接国际加工制造产业并迅速成长为世界工业大国的过程中，对外直接投资的定位与功能也发生着潜移默化的变化。由于中国资本账户开放较晚和企业所有制改革进展缓慢等历史原因，早期中国对外直接投资规模较小，且仅作为企业对外贸易的补充形式。然而，中国经济在经历了改革开放 40 年来的突飞猛进的增长后，生产要素配置不合理所造成的产业发展结构性矛盾以及技术瓶颈所带来的可持续性发展问题已然使中国经济迈入了迫切转型的历史"拐点"。与此同时，国际经济形势的风云变幻也对中国出口贸易导向的外向型经济发展模式提出了新的挑战。自 2008 年国际金融危机以来，全球经济增长趋缓，尤其是美日欧等主要发达经济体经济复苏缓慢，外需缩减给中国经济增长带来了新一轮冲击，同时随着各国贸易壁垒的相继出现，频繁的贸易摩擦使中国出口贸易结构面临新的困境。在此背景下，继续拓宽中国企业对外直接投资规模和领域，不仅有利于规避国际贸易壁垒以保持既有国际市场份额，对于缓解和解决国内经济发展过程中的资源错配和技术瓶颈等现实问题也是十分必要的。

产业作为分工形式的物质存在，一方面，可被视为具有相似经营活动微观企业和包括产品、服务在内的同类生产成果的集合体；另一方面，则形成一国国民经济的重要组成部分[①]。产业转移则是全球或地区分工细化的产物。虽然国际产业分工肇始于亚当·斯密的古典贸易理论，并由后来的新古典贸易理论进一步延伸，但经典理论并未对产业转移概念进行明确定义。目前，国内外学者对产业转移概念的理解并不一致。西方学者多从发达国家的产业转移实践对其进行定义，如日本经济学家 Kojima（1978）认为，产业转移即为一国将比较劣势产业转移至具有相对潜在比较优势的其他国家的过程，新经济地理学家 Krugman（1991）则基于集聚力和扩散力的相互作用对产业转移现象进行解释，并将产业转移视为扩散力占优的表现。国内学者也从不同视角对产业转移概念进行了定义，例如，陈建军（2002）认为，产业转移是指由于资源供给或产品需求条件发生变化后某些产业从某一国家（地区）转移到另一国家（地区）的经济过程，魏后凯（2003）则基于企业区位选择的角度，认为产业转移既是企业经营范围空间扩张的过程，也是企业生产区位再选择的过程。从既有的定义来看，产业转移概念不仅局限于衰退型产业，同样也适用于扩张型产业。

根据产业转移的范围大小，可将其分为国际产业转移和区域间产业转移，两者关于产业转移的本质理解都是类似的，即产业转移总是会随着要素空间流动和分工地位变化。迄今为止，全球共发生了四次大规模的产业转移浪潮。由

---

① 基于三次产业分类法，经过 1994 年、2002 年和 2011 年三次修订之后的最新国家标准《国民经济行业分类》（GB/T 5754—2011）近年来，根据我国经济发展特点对产业部门进行了适当调整（见附录 1）。

表 1-1 可知，随着第一次国际产业转移，美国取代英国成为世界头号工业强国，而战后日本和联邦德国则借助于第二次国际产业转移的机遇，经济加快复苏并迅速跻身于世界经济强国之列，中国香港、新加坡、韩国和中国台湾通过实施出口促进战略，承接来自于美日等国的劳动密集型行业，经济增长效果明显，成为亚洲新兴经济体，而中国则在第四次国际产业转移浪潮中承接了美日等发达国家与新兴经济体的加工制造业，成为了名副其实的"世界工厂"。从中国国内产业发展轨迹来看，自20世纪90年代以来，随着对外开放水平的提升和政策位差的实施，中国区域经济发展阶梯结构明显，体现于东部沿海地区成为加工贸易的主要聚集地，而中部和西部地区工业化水平明显较低，成为当前我国推进区域产业转移和统筹区域协调发展的客观现实。城市化进程加快和区域分工协作深化在促进东部地区承接国际高水平制造业和优化产业结构的同时，也加快了其向中西部地区转移传统制造业的步伐，而由于各区域经济发展和资源禀赋均存在差异性，中国区域产业转移活动的表现仍呈多样化特征。

表 1-1 国际产业转移的四次浪潮

次序	时间	转移方向	转移结果
第一次国际产业转移	18世纪末至19世纪上半叶	英国→欧洲大陆、北美	世界制造业中心由英国转移至美国，美国崛起
第二次国际产业转移	20世纪50~60年代	美国→日本、联邦德国	日本、联邦德国承接美国机械设备制造业，成为世界经济强国
第三次国际产业转移	20世纪70~80年代	美国、日本→中国香港、新加坡、韩国、中国台湾	中国香港、新加坡、韩国和中国台湾承接美日劳动密集型工业，成为新兴经济体
第四次国际产业转移	20世纪90年代至今	美国、日本、亚洲"四小龙"→东盟、中国	中国承接大量加工制造业，成为"世界工厂"

资料来源：笔者在潘悦（2006）和孙浩进（2011）研究基础上整理得出。

需要重点指出的是，中国通过承接国际加工制造业转移所形成过分依赖产品组装、简单零部件生产等代工环节也导致制造业发展过程中附加值过低和创新能力不足等弊端，与"三期叠加"[①] 的"新常态"经济发展背景下结构调整的要求格格不入，成为中国制造业转型升级过程中亟待完善和解决的重要问题。那么，在开放型经济条件下，中国能否通过对外直接投资来提升制造业分工地位呢？事实上，作为资本输出的主体之一，近十年来，中国制造业对外直接投资规模和增

---

① "三期叠加"是指增长速度换挡期、结构调整阵痛期和前期刺激政策消化期。

速均有明显提升。截至 2013 年，中国制造业对外直接投资净额已达 72 亿美元，是 2003 年 6.2 亿美元的近 12 倍，保持了 27.8% 的年复合增长率。然而，权衡判断对外直接投资对中国制造业发展的利弊，需要从两个方面入手：一是需要讨论对外直接投资是否导致了中国传统低附加值的加工制造业和存在过剩产能制造业的份额缩减，即对外产业转移问题；二是需要考虑在对外产业转移过程中，国内制造业份额是否会发生缩减或出现生产要素向服务业"逃逸"的情况，即制造业空心化问题。

另外，需要更深入讨论的问题是，如果中国对外直接投资能加快国内制造业发展比较优势的动态转变，那么在此基础上是否进而影响中国承接国际制造业及其国内区域制造业转移呢？对此问题分析有助于充分认识中国对外直接投资快速发展对国际和国内制造业分工的综合影响。其中，前者可归结为对外直接投资对以利用外资为承接国际制造业转移主要形式的间接效应。从资本项目流向来看，近十年来，中国对外直接投资正以高于外商直接投资的速度增长，绝对规模出现了较大跃升。截至 2013 年，中国资本净流入为 248.46 亿美元，相较于 2000 年的 397.95 亿美元缩减了近 38%，而十年内对外直接投资增长了近 100 倍，远高于外商直接投资的 3 倍。随着对外直接投资对国内经济发展影响程度提升，尤其是在经济结构调整日益增强的情况下，便有可能改变中国承接国际制造业结构的倾向和选择。后者则可归结于对外直接投资对国内产业空间布局的间接效应。仍需看到，当前中国制造业对外直接投资的区域分布极不平衡，且主要表现为东部地区高度集聚，中西部地区相对薄弱的空间分布格局。截至 2013 年，东部地区制造业对外直接投资存量占全国制造业对外直接投资总存量的近 70%，约为中西部地区的制造业对外直接投资存量总和的 2.3 倍。这意味着对外直接投资在为东部地区制造业结构调整提供动力的同时，也为东部地区向中西部地区更频繁地转移传统制造业创造了契机。国际产业转移和国内区域间产业转移之间并没有绝对界限，后者往往是前者加速演进的产物，中国对外直接投资的深度实施将会加快这一进程。

由于战略取向的差异，中国对外直接投资动机也不断发生变化，而动机差异将直接表现在对外直接投资方式上，并决定着产业转移效果。因此，在研究对外直接投资和产业转移关系问题方面，有必要将投资动机因素纳入考虑范畴。具体而言，相较于美国以海外市场扩张为主要动机和日本以生产效率提升为主要动机的投资模式，中国对外直接投资动机更加多样化。尤其出于新形势下开放战略的需要，中国正改变过去以获取海外廉价资源和引进技术为主要动机的单一模式，拓宽销售渠道和寻求生产效率成为了中国企业对外直接投资的新动力。截至 2013 年，中国对亚洲、欧洲和北美洲国家的投资存量主要集中于租赁和商务服务业、金融业和制造业等市场依赖度和技术成熟度要求较高的行业，而对非洲、拉丁美洲和大洋洲国家的投资存量则主要集中于采矿业等资源丰度要求较高的行业。异质性动机的存在使中国对外直接投资的产业转移效应的具体发生机制更为复杂，迫切需要对其进行分类探讨和在数据上进行实证检验。

在理论研究方面，目前关于对外直接投资和国际国内产业转移关系的研究仍然缺乏统一的分析框架。虽然早期学者已经从不同侧面对跨国公司国际投资行为的动力机制进行了探讨，并形成了包括垄断优势理论、产品生命周期理论、比较优势理论、内部化理论、国际生产折衷理论在内的发达国家投资理论和包括小规模技术理论、技术地方化理论、投资发展路径理论等在内的发展中国家投资理论，但经典理论研究的共同缺陷在于，对投资动机的考虑大多基于某国经验事实，缺乏一定的普适性；传统定性研究范式下的理论假设，缺乏系统论证。况且在各国生产分工相对封闭的历史背景下，大多数经典国际投资理论并未能将国际和区域产业转移作为对外直接投资的必然结果。另外，虽然既有产业转移理论关于产业转移的动因和模式有系统的论证，并大体形成了包括雁行发展模式、劳动密集型产业转移理论等国际产业转移理论和包括区域梯度转移理论、新经济地理理论、企业迁移理论等区域产业转移理论，但是综观这些理论研究，也未能将开放经济条件下的对外直接投资因素作为影响国际和区域产业转移的基本外部因素。鉴于两类理论的相互联系，本书系统构建对外直接投资影响产业转移直接效应和间接效应的一体化分析框架，实证检验对外直接投资与对外制造业转移、承接国际制造业转移和国内区域制造业转移三者关系，具有重要的现实意义和理论意义。

第二节　文献综述

一、对外直接投资与对外产业转移关系的研究综述

国外学者认为，对外直接投资的区位选择决定了对外产业转移的基本特征。Caves（1971）研究发现，东道国市场结构和产品差异化程度将影响跨国公司优势资本化的程度，并指出为了同国内企业进行竞争，跨国公司更倾向于通过垂直化而将公司的特定优势内部化，进而会影响投资国的对外产业转移模式。Davidson（1977）指出，对外直接投资的区位选择与东道国文化特征、经济特征紧密相连，并结合美国对英国和加拿大投资事实分析，指出投资国与东道国文化

的相似性决定了对外直接投资的产业转移强度和两国间产业结构相似程度。Aharoni 和 Hirsch（1996）考察了东道国一般要素投入和企业专有知识的组合方式对对外直接投资区位选择的影响，当东道国企业具有较高比例的专利研发投入时，投资国拥有专利等高级生产要素的跨国公司更易于进入，从而能实现投资国的知识密集型产业转出。Bos 等（2013）认为，投资国会根据其产业生命周期阶段而做出相应的对外直接投资区位选择，由此所采取的对外产业转移类型也会有所不同。近年来，企业规模（Hewings，1996）、技术差距（Glass 和 Saggi，1998）、跨国交易合约的不完全（Antras，2003）、垂直专业化对产业价值链的重组效应（Macher 和 Mowery，2004）、不同产业的 R&D 生产率（Hochberg 等，2007）、优惠贸易协定（Kim 和 Lee，2012）、产业内外企数量（Huang 和 Wang，2013）等因素逐渐成为国外学者实证检验对外直接投资所引致的对外产业转移效应过程中关注的重点对象。

关于对外直接投资是否会引起产业空心化问题，国外学者研究结论存在差异。Minoru（2006）在对日本制造业和典型出口导向型产业就业人数对比的基础上，认为对外直接投资会带来国内生产基地的向外转移，进而引发日本国内制造业就业人数的急剧下降，从而引发产业空心化；Cowling 和 Tomlinson（2011）回顾了日本产业发展模型，也认同对外直接投资所导致日本国内产业空心化问题的存在。Kim（2007）利用多元扩张模型，构建了基于中国开放型经济发展的邻国产业空心化模型，分析结果表明中国对外直接投资将削弱邻国未来经济增长的潜力，如果邻国无法提升其技术水平，在面对中国巨大市场规模和较低工资水平的双重竞争时，极有可能导致其国内的产业空心化。然而，也有学者研究发现，对外直接投资并非产业空心化产生的根本原因。例如，Ramstetter（2002）认为，跨国公司的对外直接投资活动对投资国出口影响最大，会导致国内生产、就业各方面的变化，但大量实证数据表明这一变化并不足以导致投资产业空心化问题。Yang（2007）运用 CES 出口函数模型分析法对 20 世纪 90 年代中国台湾地区电子电器业进行了实证研究，研究结论表明，对外直接投资并未导致台湾地区该电子电器行业的没落，反而会极大地提升台湾地区该行业产品的质量和竞争力，产业空心化现象并不明显。

国内有关对外直接投资的对外产业转移效应的研究起步较晚，这与我国开放型经济发展的阶段性特点密切相关。

首先，国内学者主要从投资动机的角度检验对外直接投资区位选择及其对外产业转移策略。基于 Dunning 关于对外直接投资动机的分类，王玉宝（2009）对美国、欧盟、日本及亚洲"四小龙"对外直接投资的发展历程进行了总结，并认为，中国应该优先发展传统与特色制造业、资源开发业、高新技术产业和服务业的对外直接投资,并根据其差异化动机和东道国所具备经济优势而进行相应的对外产业转移选择。郭国云(2008)、马静(2009)等研究认为,中国对外直接投资应选择要素禀赋较为丰富的国家或地区,并积极推动资源开发行业、劳动密集型制造业向东道国转移,由此释放高级要素和满足高层次制造业发展,从而实现国内产业结构升级。杜群阳(2006)、朱群(2004)等认为,传统以要素搜寻为主要动机的对外直接投资已经无法适应当前我国经济发展形势,通过开展对发达国家或地区以技术搜寻为主要动机的对外直接投资实现"逆向技术溢出",有助于加速我国产业结构优化进程和提升我国企业在全球价值链中的竞争地位。

其次,国内学者从国内产业结构升级的角度间接论证了对外直接投资的对外产业转移效应问题。江小涓、杜玲(2002)研究发现,对外直接投资会从企业内部结构调整、产业内部结构调整和产业之间的结构转移三个层次对投资国产业结构产生影响,并触发投资国产业结构升级。魏巧琴、杨大楷(2003)进一步分析认为,对外直接投资的"逆向技术溢出"效应是诱发投资国的产业结构升级的主要原因,进而会引发投资国更明显的对外产业转移。汪琪(2004)认为,对外产业转移与对外直接投资动机密切相关,如果对外直接投资更倾向于资源寻求型,那么对外直接投资会促进投资国要素资源结构优化,从而构成了投资国向外转移传统或"边际产业"最直接的动因。欧阳峰(2005)认为,对外直接投资从本质上体现了投资国从"比较优势"到"竞争优势"的国际产业转移发展规律,由于对外直接投资能够较好地绕过东道国设置的"贸易壁垒",节约生产费用和开辟国际市场被视为对外直接投资的对外产业转移效应发生的直接原因。欧阳峣、刘智勇(2010)的研究则从发展中大国人力资本综合优势的角度探讨了对外直接投资与投资国产业结构的适应性问题,指出对外产业转移对于优化两者关系具有重要意义。

另外,国内学者基于不同的测度指标,就产业空心化问题进行了大量的实证研究。储振国(2013)利用产业结构变异系数和区位熵指数来度量产业空心化程度,结合1992~2011年浙江省产业相关数据研究发现,浙江省存在较明显的产业空心化危机。范小云、孙大超(2013)主张使用工业增加值占GDP比重、制造业增加值占GDP比重等实体产业指标来衡量产业空心化程度,结合2001~2010年60个国家和地区面板数据研究发现,中国实体经济正面临"上挤下压"的格局,制造业成本上升会导致中国较为严重的"脱实向虚"的空心化问题。关于对外直接投资是否会引起中国产业空心化问题,国内学者的经验研究结论仍存在争议。其中,马淑琴、张晋(2012)选取了产业高加工化系数、区位熵、技术密集型集约化程度、生产率、产业产值比例、产业投资比例和产业就业比例等指标间接度量了产业空心化程度,利用1996~2010年中国省际面板数据研究发现，对外直接投资存量的扩大会对中国制造业产值造成负面影响，存在一定程度的"离制造化"现象。然而，石柳、张捷（2013）利用规模空心化、效率空心化、就业增长率、TFP 增长率和出口结构五个指标层面来度量一国对外直接投资的产业空心化程度，利用 2004～2011 年广东省时间序列数据研究发现，对外直接投资并未导致广东省的产业空心化，但随着对外直接投资规模的扩张，广东省产业结构具有空心化的趋势。

二、对外直接投资与承接国际产业转移关系的研究综述

一般认为，外商直接投资是东道国承接国际产业转移的主要途径，Dunning（1988）在其投资发展路径（Investment Development Path，IDP）理论中就阐述了在经济发展的不同阶段，一国通过利用外资所形成的国际分工地位也会存在差异。对外直接投资与承接国际产业转移关系从本质上可理解为对外直接投资与利用外资的双向联系。事实上，对外直接投资在影响投资国产业结构的同时，也会间接导致外商直接投资的选择性进入，有利于投资国将其开放战略与承接国际产业转移战略相匹配。国外学者对此问题研究已比较成熟。Lipsey 和 Weiss（1984）认为，美国对外直接投资能够促进国内产业结构调整，通过提高国内生产效率、增加本国国民收入和扩大国内市场，以扩大利用外资规模。Ozawa（1992）认为，如果发展中国家对外直接投资能够顺应经济发展和动态比较优势转变，将有利于实现国内产业结构升级和提高对他国技术导向型外资的吸收能力。Hiley（1999）、Blomstrom 等（2000）基于发达国家的实证检验发现，对外直接投资能够显著推进母国的产业升级，并会吸引更多外商资本向新兴产业方向移动。Mathews（2006）基于对亚太地区典型案例的分析，提出了"LLL 分析框架"，认为发展中国家跨国公司通过对外直接投资过程中的"资源联系""杠杆效应"和"干中学"效应，能够获得新的竞争优势和促进本国产业结构升级，最终将对吸引高质量外资的进入具有显著促进作用。

国内学者同样从实证角度对这一问题进行了论证。王英、刘思峰（2008）使用灰色关联分析法分析了对外直接投资对国内产业结构调整的整体影响，结果表明，对外直接投资的行业结构与国内产业结构密切相关，对外直接投资不仅会促进本国产业结构升级，同时持续提升的自主创新和人力资本水平也将加速利用制造业外资。吴晓芳（2009）研究发现，"引进来"与"走出去"并非单向因果联系，"引进来"有利于"走出去"，后期的对外直接投资有利于利用更高质量的外资。贾妮莎等（2014）结合 1982～2012 年中国时间序列数据，利用 VAR 模型检验了双向资本流动与产业结构升级的关系，研究发现对外直接投资会受到外部冲击而传递至产业结构的变化，并最终影响中国利用外资。谢乔昕（2014）研发现，中国对外直接投资的规模扩大能改善企业运营效率和提高产业结构合理化水平，进而有利于优化国内资本配置和外商资本的产业选择倾向。当然也有学者对此提出质疑。例如，万丽娟等（2011）认为，中国对外直接投资和利用外资既不存在长期均衡关系，也没有短期因果关系。而对外直接投资对一国产业结构的影响也并非总是积极的，除了讨论较多的产业"空心化"问题之外，对外直接投资也有可能会形成对相关行业外资的挤出效应，从而抑制一国利用外资规模（周升起，2011）。

三、对外直接投资与国内区域产业转移关系的研究综述

关于区域产业转移的决定因素，现有文献多将地区间要素禀赋和市场需求条件差异作为不可忽视的两个方面。例如，新经济地理学家 Krugman（1996）认为，产业中心的市场竞争效应和拥挤效应会造成土地、资源和劳动力使用成本的上升，形成了区域产业转移的初始动力。也有学者认为，产业中心市场容量有限或受制于经济发展、人均收入的增长，市场需求可能趋于饱和，而打开和巩固区外市场，增加产业市场销售额便成为了区域产业转移的另一目标（覃成林、熊雪如，2013）。

那么，对外直接投资能否带来母国内区域间专业化分工调整进而影响其投资规模呢？对此问题，现有实证研究基本上是从国家整体层面展开的，即母国对外直接投资与国内投资关系。国外学者较早关注了这一问题。有研究认为，对外直接投资会促进国内投资。例如，Desai 等（2005）基于美国宏观数据的实证研究发现，对外直接投资与国内投资呈正相关关系，指出对外直接投资能使企业以较低成本从海外子公司进口中间产品或向其出口制成品，生产环节的互补性将降低企业成本和增加国内产品收益，进而促进国内产出和国内投资。也有学者得到不同的实证结论。例如，Belderbos（1992）对荷兰食品、金属、电子行业的研究发现对外直接投资对国内投资具有负向影响。Stevens 和 Lipsey（1992）基于美国七个跨国公司的微观数据也得到相似结论，并提出两类影响机制：一是在不完全的金融市场条件下，资金外流可能提高国内利率和国内企业贷款困难程度，国内投资将会减少；二是在产品市场上，企业通过对外直接投资将产品生产活动转移到国外，可能对本国出口形成替代，进而降低国内投资。当然，也有学者认为，在考虑了动机、期限和产业类别异质性后，对外直接投资对国内投资的影响并不确定。如 Hejazi 和 Pauly（2003）研究发现，尽管加拿大对美国的市场寻求型投资会使国内投资增加，但对其他地区的资源或要素寻求型投资反而会对国内投资形成替代。Herzer 和 Schrooten（2008）通过研究美德两国对外直接投资影响国内投资的时间期限发现，对外直接投资与美国国内投资具有长期互补关系，而对外直

接投资与德国国内投资仅具有短期互补关系，在长期表现为替代关系。Brauner-hjelm 和 Oxelheim（1999）强调了产业分类的重要性，对于研发密集型产业，对外直接投资对国内投资表现出较强的替代关系，但在资源密集型等具有比较优势的传统行业，两者则为互补关系。与此同时，对国际和区域产业分工转移新趋势的研究，例如，基于产品内分工的产业转移、集群式转移，以及垂直分工模型的研究为此问题提供了证据和支持（Jones，2005；Sammarra 和 Belussi，2006；Krugman 和 Venables，1995）。

同样地，国内学者也做了较多探索。刘同山、王曼怡（2010）通过运用 EGLS 方法分别对发达国家和发展中国家的对外直接投资对国内资本形成影响的研究发现，相较于发展中国家，发达国家对外直接投资对国内投资的促进作用更为明显。柴林如（2008）、张建刚等（2013）从就业角度分析了对外直接投资对我国各地区投资的影响，结果发现，我国对外直接投资的就业创造效应要大于替代效应，且东部地区更为显著，从就业结构的改变能映射出投资结构的改变。针对这种区域间的差异，綦建红、魏庆广（2009）的研究给出了一定的解释，他们认为，对外直接投资是否有利于地区投资和就业的形成主要取决于投资规模，只有对外直接投资达到一定门槛值，才会促进地区投资。另外，有学者从对外直接投资与贸易部门投资关系角度对此问题进行了研究。其中，隋月红、赵振华（2012）通过对"二元"对外直接投资的路径研究发现，"顺梯度"和"逆梯度"对外直接投资均能有效推动我国贸易结构升级，增加对高端外贸导向型产业的国内投资份额。陈传兴、杨雅婷（2009）从行业层面分析了我国对外直接投资的贸易规模效应，并证明了对外直接投资与国内外贸部门投资的正相关关系，且在采矿业、批发零售业及制造业上表现更为显著。也有学者持不同观点。例如，周升起（2011）认为，对外直接投资会通过逆进口效应、出口替代效应和生产替代效应加剧市场竞争，对国内相关行业的投资形成挤出效应。

四、国内外研究评述

通过对国内外关于对外直接投资与产业转移关系的文献进行系统梳理后发现：

1. 对外直接投资与对外产业转移关系研究方面

从动机研究来看，国外学者主要基于某国经验事实所提出的理论假设，缺乏系统论证；国内学者关于动因的解释限于对外直接投资对国内产业结构的影响，缺乏贸易产品结构领域的研究。从区位选择研究来看，国外学者主要关注东道国区位特征对跨国公司投资决策的影响，而并未研究国际投资梯度特征对国际产业转移特征的影响；国内学者虽然看到了对外直接投资动机的异质性，但综合国际投资梯度特征和动机以阐释对外产业转移模式的研究仍然较少。从空心化研究上来看，国外学者大多基于某国特征提供一定的经验证据，研究结论并不统一，缺乏普遍的解释力；国内学者的实证研究主要偏重于产业空心化的测度，并未从表现形式上对产业空心化类型进行严格区分，这样的研究结论存在争议。

2. 对外直接投资与承接国际产业转移关系研究方面

虽然国外学者基于结构传导机制角度对对外直接投资和利用外资之间的互动关系进行了一定的间接研究，但并未就承接产业转移问题进行过多解释，研究重心仍放在一国双向资本流动的结构效应上；虽然国内学者为对外直接投资和利用外资关系提供了一定的经验证据，但仍不足以解释对外直接投资对承接国际产业转移的影响路径。为了对一国承接国际制造业转移进行更为系统的解释，分析差异化动机对外直接投资的结构传导机制显得十分必要。

3. 对外直接投资与国内区域产业转移关系研究方面

国内外学者主要基于对外直接投资对国内产业投资的整体影响，并未考虑国内产业投资的地域联系，通过区域间产业投资规模增减变化能较好地解释区域产业转移的存在性。因此，将区域间产业联动纳入当前对外直接投资和国内投资关系研究框架内，对于理解对外直接投资影响国内区域产业转移问题具有重要价值。

第三节 研究思路、方法和创新点

一、研究思路

首先，本书在系统整理和研究对外直接投资和产业转移经典理论的基础上，构建对外直接投资影响产业转移机制的一体化分析框架，从对外直接投资的对外制造业转移效应、承接国际制造业转移效应和国内区域制造业转移效应三大方面全面考察中国对外直接投资和产业转移关系。其次，本书分别总结我国对外直接投资、参与国际产业转移和区域产业转移的发展现状，揭示我国对外直接投资与各类产业转移的总体特征及变化关系，为后面进一步的实证研究奠定现实基础。接下来的实证部分，本书均以制造业作为对象，从三方面分析：一是从贸易结构视角研究中国对外直接投资的对外产业转移效应，在探讨中国"顺梯度"和"逆梯度"对外直接投资的对外产业转移机制的基础上，利用跨国投资和贸易数据，运用实证方法检验双梯度对外直接投资对我国贸易结构所产生的影响，并据此判断对外产业转移效应的存在性。另外，本书还着重从资本要素视角探讨中国对外直接的空心化效应这一衍生问题，基于拓展的 Romer 多部门数理模型推导，构建动态空心化模型，结合中国各省对外直接投资与制造业的实际数据进行经验分析。二是从结构传导机制视角研究中国对外直接投资的承接国际产业转移效应，在探讨对外直接投资如何通过结构调整间接影响母国承接国际制造业转移机制的基础上，利用制造业省际面板数据对我国对外直接投资的承接国际制造业转移进行了分行业和分地区检验。三是从本地市场效应视角研究中国对外直接投资的国内区域产业转移效应，在探讨地区依据对外直接投资对国内外市场份额影响程度差异而采取相应区域转移策略机制的基础上，结合中国城市层面面板数据，检验对外直接投资是否会导致东部地区和中西部地区的产业联动，及其引致的中国区域制造业转移特征。最后部分为全书结论与启示，包括相关研究结论、政策建议和研究展望。具体研究框架如图 1-1 所示。

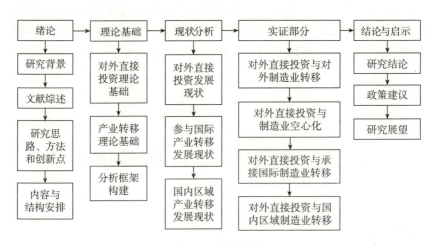

图 1-1　研究框架

二、研究方法

本书选取科学及标准化的研究范式，注重理论研究和实证研究相结合，综合运用统计方法、实证方法、系统研究方法和比较研究方法等多种方法。具体包括以下三个方面：

第一，系统研究与重点研究相结合。系统梳理对外直接投资与产业转移的相关理论及国内外研究进展，使研究的问题具有理论支撑和文献基础。重点研究对外直接投资与国际产业转移、国内产业转移的数据关系，揭示它们之间的关联程度、特点和发展趋势，以制造业作为重点研究对象，分别探讨对外直接投资的对外产业转移效应、产业空心化效应、承接国际产业转移效应和国内区域产业转移效应的理论机制及通过"走出去"促进我国制造业结构优化的问题。

第二，纵向分析与横向分析相结合。本书分别运用纵向和横向分析方法研究对外直接投资和产业转移关系，不仅分别总结了我国对外直接投资和产业转移的纵向发展轨迹，同时结合我国各阶段政策背景和开放环境，对我国对外直接投资的行业结构和区域结构进行横向比较。运用中国数据实证检验各行业和各地区对外直接投资的产业转移效应，从而全面考察对外直接投资与产业结构演变的内在联系。

第三，定性分析与定量分析相结合。本书分别运用定性和定量分析的方法研究对外直接投资对产业转移影响的问题，通过建立数理模型分析在市场不完全竞争条件下对外直接投资与制造业空心化的关系，对其主要结论进行实证检验。同时从定性的角度探讨对外直接投资对对外产业转移影响的贸易结构机制、对空心化效应影响的利率机制、对承接国际产业转移的结构传导机制和对区域产业转移的市场机制，为了检验对外直接投资与产业转移的直接或间接关系，综合利用包括投资、贸易数据在内的跨国面板、省际面板和城市面板数据建立计量模型，进行实证分析并得出相关结论。

三、创新点

本书可能存在的创新点有如下五个方面：

第一，理论分析框架的创新。突破理论研究中对外直接投资与产业转移关系的零散、单一研究范式，根据已有理论研究整理对外直接投资的产业转移效应的可能发生路径，构建对外直接投资影响母国对外产业转移、承接国际产业转移和国内区际产业转移传导机制的一体化分析框架。

第二，结合中国对外直接投资动机和东道国禀赋的差异，对"顺梯度"和"逆梯度"对外直接投资进行了明确界定，综合运用跨国面板数据检验了对外直接投资对中国初级产业和制造产业进出口贸易结构的传导效应，进而为判断是否存在对外产业转移以及转移特征提供精确证据。针对传统研究中对外直接投资和对外产业转移相互重叠的矛盾问题，本书将中国各类产业进出口贸易成分变化实质上表示国内产业发展比较优势转变，而另辟蹊径地将对外直接投资作为主要因素能较好解释中国如何通过对外产业转移来实现国内产业结构变化的。

第三，基于对制造业"空心化"的严格定义和类型区分，首次尝试将资本要素因素纳入 Romer 的多部门模型中，推导演绎了对外直接投资通过资本账户的实际利率传导效应对中国制造业资本劳动比重的影响，并运用省际面板数据检验了中国对外直接投资可能带来的制造业"空心化"现实以及地区、行业差异性，对这一问题的研究弥补了目前对外直接投资与制造业"空心化"相互关系的文献空白。

第四，通过拓展现有对外直接投资和利用外资表象关系的研究，认为可能存在对外直接投资影响母国国内制造业发展比较优势的动态转换进而决定利用外资规模和结构性特征的传导路径，本书主要在实证模型中加入对外直接投资与动机因素的交互项，据此运用省际面板数据判断中国差异化动机对外直接投资对承接国际制造业转移的影响以及地区、行业差异性，这一研究首次从结构传导机制视角间接论证了对外直接投资对利用外资的影响，具有更为丰富的经济学内涵。

第五，根据中国对外直接投资"东部地区集聚，中西部地区薄弱"的区域分布不平衡现实背景，将对外直接投资对东部地区制造业国际市场规模和区内市场规模的综合影响作为我国制造业由东向西转移发生的路径机制。同样地，本书在考虑了东部地区对外直接投资动机差异化的基础上，运用距离平减因子构建了包含东部地区对外直接投资、动机因素以及两者交互项等影响因素的中西部地区制造业规模实证模型，并使用城市面板数据进行了相应检验。这一研究突破了传统基于封闭经济条件假设下研究区域产业转移问题的局限性，而将对外直接投资作为因素之一引入现有研究中，无异于赋予了母国区域产业转移的崭新动力。

第四节　研究内容与结构安排

本书研究的突出内容在于，在回顾和整理经典国际投资和产业转移理论基础上，提出对外直接投资影响国际和国内区域产业转移机制的一体化分析框架；通过统计数据着重分析目前中国对外直接投资和产业转移发展现状；选取合适数据对对外直接投资影响产业转移的直接效应和间接效应进行系统实证检验。本书余下内容的结构安排如下：

第二章是理论基础与分析框架。理论基础回顾具体从以下两个方面进行：一是对外直接投资的理论基础。这里对发达国家对外直接投资理论和发展中国家对外投资理论分别进行梳理，其中发达国家对外直接投资理论包括垄断优势理论、产品生命周期理论、比较优势理论、内部化理论、国际生产折衷理论等，发展中国家对外直接投资理论包括小规模技术理论、技术地方化理论、投资发展路径理论、技术创新产业升级理论等。二是产业转移的理论基础。这里对国际产业转移理论和区域产业转移理论分别进行了说明，其中国际产业转移理论包括雁行形态理论、劳动密集型产业转移理论、边际产业扩张理论等，区域产业转移理论包括区域梯度转移理论、新经济地理理论、企业迁移理论等。在此基础上，构建对外直接投资影响母国国际和国内区域产业转移机制的一体化分析框架。

第三章是中国对外直接投资与产业转移现状。系统总结我国对外直接投资、参与国际产业转移和区域产业转移发展历程，揭示中国企业对外直接投资的总体特征和主要问题，总结中国对外产业转移、承接国际产业转移和区域产业转移的行业和区位等特征，从统计数据上描述两者变化的相互关系，为后续实证研究奠定现实基础。

第四章是中国对外直接投资的对外产业转移效应分析。将中国对外直接投资具体区分为"顺梯度"和"逆梯度"两种类型，结合 2003～2012 年中国对 113 个国家的投资和贸易面板数据，运用 Heckman 选择效应两步法检验两类梯度对外直接投资动机和贸易结构效应，据此说明中国对外直接投资与对外产业转移关系。

第五章是中国对外直接投资的制造业空心化效应分析。本章为第四章的衍生内容研究，在探讨制造业对外直接投资的"离本土化"和"离制造化"这两类空心化效应发生机制的基础上，建立包含资本要素的动态制造业空心化模型，结合 2003～2013 年中国省际面板数据，运用系统 GMM 方法进行了实证检验，据此判断中国对外直接投资规模持续增加是否会引起国内制造业份额缩减。

第六章是中国对外直接投资的承接国际产业转移效应分析。分析多元化动机对外直接投资影响母国承接国际制造业转移的结构传导机制，构建一个动态模型，结合 2003～2013 年中国省际面板数据，运用系统 GMM 方法进行实证检验，据此说明中国对外直接投资与承接国际产业转移关系。

第七章是中国对外直接投资的国内区域产业转移效应分析。分析对外直接投资影响国内区域制造业转移效应发生机制，建立包含动机因素的动态区域制造业转移模型，结合 2003～2012 年中国 169 个城市面板数据，运用系统 GMM 方法进行实证检验，据此说明中国对外直接投资与国内区域产业转移关系。

第八章是结论、启示与展望。结合中国对外直接投资和产业转移关系的实证结论，主要从提升对外产业转移效率、防范产业空心化、优化中国产业分工地位和促进区域产业平衡发展四个方面提出相应的政策建议。最后指出本书研究存在的不足及前景展望。

第二章　理论基础与分析框架

第一节　对外直接投资的理论基础

一、发达国家对外直接投资理论回顾

自 20 世纪 60 年代以来，随着以美国为首的发达国家对外直接投资活动的快速增长，有关跨国公司对外直接投资的理论研究实现了较大突破，形成了垄断优势理论、产品生命周期理论、比较优势理论、内部化理论、国际生产折衷理论等具有广泛影响力的经典理论，发达国家的国际直接投资理论体系不断巩固和发展。

1. 垄断优势理论

美国学者 Hymer（1960）提出了垄断优势理论，这是最早研究企业对外直接投资行为的独立理论。该理论经由美国学者 Kindleberger（1969）进一步补充和发展，最终形成了较为完善的理论体系，为后续对外直接投资理论研究提供了基本脉络。Hymer 认为，国际直接投资的决定因素有两点：第一，市场的非完全性。由规模经济、技术垄断、商标、差异化产品和贸易壁垒所造成的市场不完全性是现实中的常态，在这种偏离完全竞争的市场结构中，企业通过国际贸易所获得的收益会下降，反而更倾向于选择对外直接投资来参与国际市场。第二，企业的垄断优势。Kindleberger 认为，市场的非完全性仅为企业对外直接投资创造了客观条件，是否进行对外直接投资最终还取决于企业自身的垄断优势。

2. 产品生命周期理论

美国学者 Vernon（1966）基于国内市场营销活动的产品生命周期演变规律，提出了企业国际直接投资的产品生命周期理论，用以解释国际直接投资的阶段性

动机和区位选择问题。Vernon 认为，产品生命周期可被划分为三个阶段，即产品创新阶段、产品成熟阶段和产品标准化阶段，每阶段的企业国际直接投资行为会呈现不同的特点。具体来看，在产品创新阶段，发达国家率先成为新产品的创新者，产品主要用以满足国内高收入群体，并部分出口至其他发达国家，这一阶段不会出现企业的跨国投资行为。在产品成熟阶段，国外对新产品的仿制增加和竞争者的出现，使增加产品差异化程度成为原创新国对外直接投资企业提升竞争力的主要途径。在产品标准化阶段，产品生产流程已完全标准化，发展中国家劳动力、原材料等生产要素价格优势凸显，原创新国跨国公司的对外直接投资区位选择也由发达国家向发展中国家转移。

3. 比较优势理论

日本学者 Kojima（1978）基于日本对外直接投资的典型特征提出了国际直接投资的比较优势理论。Kojima 认为，国际比较优势和分工特色的差异是引发日本将国内已经丧失比较优势的劳动密集型产业对外直接投资的主要原因。基于对外直接投资产业部门的比较和国际分工的原则，Kojima 将日本和美国对外直接投资分别定义为"顺贸易导向型"和"逆贸易导向型"，从宏观角度阐释了对外直接投资和贸易的对应关系。Kojima 对对外直接投资的产生原因也作了进一步分析，即对外直接投资总是从本国已经处于或即将处于比较劣势的边际产业开始的，而在该产业上处于潜在比较优势的东道国则成为对外直接投资的主要对象，通过将投资国的资金技术与东道国的要素比较优势相结合，从而扩大两国贸易。

4. 内部化理论

英国学者 Buckley 和 Casson（1976）首次将"内部化"这一概念应用于国际投资领域，提出了国际直接投资的市场内部化理论。Buckley 等认为，中间产品的市场非完全性是普遍存在的，市场失灵和某些垄断势力的存在会造成国际企业间中间产品交易成本的上升，尤其对于技术知识等中间产品而言，依靠市场交易渠道无法实现企业利润最大化。在这一情形之下，企业更倾向于将中间产品生产和交易置于企业内部完成，实际上是企业将中间产品的外部市场内部化。同时，Buckley 等学者将跨国公司内部化的决定因素归纳为产业特定因素、区域因素、国别因素和企业因素这四个方面，并指出为了尽可能实现内部化收益和避免市场非完全性所带来的损失，跨国公司会选择对外直接投资。

5. 国际生产折衷理论

英国学者 Dunning（1977）将企业对外直接投资的目的、条件和能力结合起来，提出了著名的综合理论，即国际生产折衷理论。Dunning 认为，企业的对外直接投资行为是由其所拥有的所有权优势、区位优势和内部化优势三者共同决定的，即所谓的 OLI 范式。其中，所有权优势是指企业具备他国企业无法获得的生产要素和知识技术等。区位优势是指投资所在地区在生产环境和政策上的相对优势，这里包括基础设施状况、运输成本、政府干预和市场发育程度等。内部化优势是指企业为了规避市场的不完全性而将优势保持在企业内部。同时，Dunning 认为，当企业仅拥有所有权优势时，它会选择技术转让；当企业具备所有权优势和内部化优势时，它则会选择出口；而当企业同时具备所有权优势、区位优势和内部化优势时，它则会选择对外直接投资。因此，所有权优势和内部化优势是企业对外直接投资的必要条件，而区位优势则是企业对外直接投资的充分条件。

二、发展中国家对外直接投资理论回顾

20 世纪 80 年代，随着发展中国家正成为国际分工的重要组成部分，其对外直接投资活动也处于逐步上升态势。然而，由于发展中国家在经济社会条件等方面与发达国家相差悬殊，传统国际直接投资理论往往对其跨国公司的投资行为缺乏有效解释力，亟须新的理论支撑。经过多年发展，目前较为流行的发展中国家的对外直接投资理论有小规模技术理论、技术地方化理论和投资发展路径理论。

1. 小规模技术理论

美国学者 Wells（1983）基于对发展中国家对外直接投资的竞争优势来源的系统分析，提出了小规模技术理论。Wells 认为，相对于发达国家，发展中国家具有小规模市场的技术优势、要素使用成本优势和产品价格优势，这使发展中国家在小规模市场上生产的竞争优势明显。与此同时，Wells 还对发展中国家的对外直接投资的动因进行了分析，认为发展中国家只有在出口市场受到威胁时才会采取对我国直接投资策略，地理距离、经济发展水平和社会文化相似度都会影响发展中国家对东道国的投资，且在对外直接投资企业能保持相对于本国企业技术优势的情形下，发展中国家会有更多企业通过对外直接投资来内部化这种竞争优势。

2. 技术地方化理论

英国学者 Lall（1983）基于印度跨国公司的投资动机和经验事实的研究，提出了技术地方化理论。Lall 认为，发展中国家的企业并不会局限于对外来技术的简单模仿，而会在引进技术的基础上进一步将其地方化。在将转化的技术运用于发展中国家企业生产过程中，能较好地适应国内生产要素条件，并能开发出更具特色的差异化产品，从而培育出本国跨国企业新的竞争优势。根据这一判断，Lall 将发展中国家的竞争优势来源概括为技术知识特性、产品需求特性、小规模生产技术特性等。

3. 投资发展路径理论

英国学者 Dunning（1981）进一步提出了投资发展路径理论。Dunning 认为，

发展中国家的对外直接投资规模与其经济发展水平呈明显的正相关性，具体分为四个阶段：第一阶段，当发展中国家人均国民收入水平最低时，利用外资水平较低，对外直接投资为负；第二阶段，当发展中国家人均国民收入水平较低时，利用外资水平显著提升，对外直接投资仍维持在低水平；第三阶段，当发展中国家人均国民收入水平较高时，对外直接投资规模虽有所增长，但资本净流出仍为负；第四阶段，当发展中国家人均国民收入水平最高时，对外直接投资存量规模超过利用外资存量规模，资本净流出为正。邓宁总结出了国际资本流动的一般规律，即经济发展水平越高，发展中国家的跨国企业越具备较好的所有权优势、内部化优势和区位优势，对外直接投资规模也相应越大。

第二节　产业转移的理论基础

一、国际产业转移理论回顾

自 20 世纪 60 年代以来，随着"二战"之后各国经济发展联系的日益增强，世界范围内的产业分工和转移已成常态，国际产业转移理论研究也逐渐兴起。本书集中介绍雁行形态理论、劳动密集型产业转移理论中的有关内容。

1. 雁行形态理论

日本学者 Akamatsu（1962）首次提出了产业发展模式的"雁行形态理论"，成为了国际产业分工和产业结构升级的主要理论来源。Akamatsu 基于对日本棉纺工业生产过程的考察发现，随着经济发展，落后国家的工业生产会经历"进口→国内生产→出口"这样的更替模式，他形象地将其概括为产业发展的"雁行模式"。在 Akamatsu 研究基础上，Vernon（1966）在"产品生命周期理论"中结合产品生命周期阶段性演变的规律，侧面论证了"雁行模式"的存在性，即认为随着发达国家产业发展由创新阶段逐渐向标准化阶段过渡，生产会经历"本地供给→出口→进口"的过程，并最终将失去比较优势的产业转移至发展中国家。Kojima（1978）结合国际投资比较优势理论最终形成"边际产业扩张论"，揭示了国内产业结构升级与国际产业转移之间的内在联系。

2. 劳动密集型产业转移理论

美国学者 Lewis（1977）基于赫克歇尔—俄林的要素禀赋理论（H－O 理论），提出了劳动密集型产业转移理论。Lewis 认为，战后主要发达国家的人口增长率的下滑导致国内劳动密集型产品的供需缺口的扩大，这也造成了发达国家的部分劳动密集型产业的比较优势的丧失,从而迫使发达国家将劳动密集型产业转移至发展中国家并通过进口的方式满足国内需求。Lewis 实质上将二元经济结构拓展至国际产业转移问题上,发展中国家存在劳动力过剩,丰富的廉价劳动力使其成为国际劳动密集型产业的承接主体,而发达国家则以现代工业为代表,在劳动力禀赋上并不占优,提高生产率有赖于劳动密集型产业向外转移。

二、区域产业转移理论回顾

目前区域产业转移方面的研究在诸多理论中均有提及,本书详细介绍了累积因果理论、新经济地理理论和企业迁移理论中的有关内容。

1. 累积因果理论

在梯度转移理论的区域经济非平衡发展思想基础上,Myrdal 和 Hirshman (1957) 共同提出了累积因果理论,对区域产业转移的内在机制进行了动态阐释。Myrdal 等认为,有三种效应共同制约了区域间产业分布的形式,即极化效应、扩散效应和回波效应。其中,极化效应表现为高梯度地区的生产活动的自我强化过程,它会促使生产要素从低梯度地区向高梯度地区集聚,从而拉大区域间发展差距;扩散效应表现为高梯度地区和低梯度地区协同发展的过程,它会促使生产要素从高梯度地区向低梯度地区转移,有利于区域发展平衡;回波效应则表现为即使在扩散效应存在的情形下,由于高梯度地区在生产活动中具有更明显的优势,反而会造成生产要素由低梯度地区向高梯度地区的回流,最终将导致高梯度地区生产优势的继续强化,低梯度地区生产优势反而被削弱。

2. 新经济地理理论

20 世纪末,以 Krugman (1991)、Krugman 和 Venables (1996)、Fujita 等 (1999) 等为代表的学者将产业区位和要素流动整合起来,提出了新经济地理学。该理论认为,产业区位选择是一个内生的过程,虽然生产的规模报酬递增、集聚经济和累积循环过程可能会带来产业分布的“中心—边缘”格局,但区位“向心力”和“离心力”则构成了影响产业集聚程度和区域转移的重要内生因素。具体来看,“向心力”是指产业中心区位具有较大的市场规模和较强的产业前后向联系,这会强化产业中心的区位优势,造成中心和边缘的产业规模差距的扩大。“离心力”是指当中心区对工业品需求规模达到一定程度,中心和边缘的工资差距也会相应增大,同时中心区还会因产业集聚程度过高可能产生地租等要素价格上升、环境污染和交通拥挤等方面的成本。产业区位分布特征取决于两种力量的大小。尤其当离心力的作用占优时,会造成相关产业局部或全部从中心区脱离而转移至生产优势更为明显的边缘地区。

3. 企业迁移理论

从微观企业的角度探讨区域产业转移的发生路径肇始于企业迁移理论。目前企业迁移理论尚未形成统一体系，主要包括新古典区位理论、行为区位理论和制度或演化理论三个流派。

新古典区位理论最初由 Isard（1956）提出，由于该理论核心在于企业会根据最小成本而选择最优区位，因此，又被称为"成本学派"。成本学派主要包括 Thunen 的农业区位论，Weber 的工业区位论等，这些理论无一例外的都强调"利润空间"对企业经营区位选择的重要性。Simon（1959）认为，应该从最优决策行为的角度来考虑企业迁移行为，这也成为行为区位理论的初始来源。Pred（1967）则强调企业迁移的优化程度取决于其获取和使用信息编码的能力，信息丰富且使用能力较好的企业的区位选择决策往往更接近于最优。20 世纪 80 年代后出现的新制度企业迁移理论学派认为，企业决策并不构成其迁移的主要原因，需要从企业所处社会和文化角度来对该问题进行解释，制度或演化理论得以出现。该理论强调特定环境下的正式或非正式社交网络会对企业区位选择所产生的重要影响。

第三节　对外直接投资影响产业转移机制的一体化分析框架

本书通过回顾理论基础发现对外直接投资理论和产业转移理论均呈现不断完善趋势，但两者在相互融合方面仍显不足。其中，经典对外直接投资理论大多未能将国际和区域产业转移作为母国对外直接投资的必然结果，而产业转移理论在探讨国际和区域产业转移的基本动因时，开放经济条件下的企业对外直接投资活动并未作为主要因素之一考虑在内。正是由于上述缺陷，使目前在统一理论框架内研究两者关系的研究屈指可数。然而，是否存在对外直接投资影响产业转移的传导机制呢？本书在归纳和整理经典理论基础上认为，可能存在对外直接投资影响产业转移的直接效应和间接效应两种机制。如图 2-1 所示。

第一，产品生命周期理论和比较优势理论等发达国家对外直接投资理论认为，母国可通过对外直接投资将失去竞争力的产业顺势直接转移至发展中国家以谋求国内结构优化；而雁行形态理论和劳动密集型产业转移理论也承认了发达国家对发展中国家梯度产业转移的一般规律。因此，以母国国内产业结构优化为目标，对外直接投资影响对外产业转移的直接效应是可能存在的。由于对外产业转移被视为国内结构优化的主要手段，那么必然会引起母国产业结构变化。故我们认为，这一变化的背后体现的是母国产业比较优势的变化，在开放经济条件下，

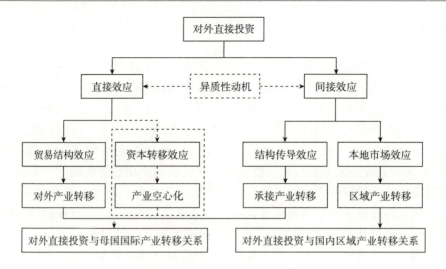

图 2 - 1　对外直接投资影响产业转移机制的一体化分析框架

一国比较优势必然会通过其商品贸易结构反映出来，故可将对外直接投资对不同产业部门的进出口贸易结构效应作为研究对外直接投资的对外产业转移效应的重点。尤其在对外直接投资在促进某一产业出口而抑制其进口的情形之下，表明对外直接投资影响对外产业转移的直接效应是真实存在的。

　　另外，还需看到，对外直接投资对母国产业发展的影响也会带来空心化的负面效应，在图中使用虚线框标示。对外直接投资是母国产业资本转移的过程，这必然会引起国内资本存量缩减。资本过度对外转移有可能加剧国内产业投资的供求缺口，提高实际利率和投资成本，引起产业资本逃逸和份额下降，即所谓的产业空心化。这一问题是对外直接投资影响对外产业转移内容的延伸性探讨，重点关注的是对外直接投资对国内产业结构调整的负面效应。

　　第二，内部化理论、国际生产折衷理论、技术地方化理论等对外直接投资理论强调东道国生产技术对母国投资决策的影响；同时基于投资发展路径理论对区分双向资本流动规律进行说明。因此，以母国国内产业结构调整为中介，对外直接投资影响母国承接国际产业转移的间接效应是可能存在的。从经典投资理论关于对外直接投资动因的阐述可知，获取东道国先进生产技术作为投资的重要动机之一，可促进母国获得产业发展形成后发优势，加快结构优化的进程。进一步需要关注的问题是，这一结构变化最终是否会进一步反馈至母国分工地位变化，即对国际产业承接方面呢？如果依然将利用外资作为一国承接国际产业转移的主要方式，这一问题便能体现在对外直接投资对利用外资的影响上。纵然投资发展路径理论已经对一国双向资本流动绝对规模的变化规律进行了论述，但就两者内在联系的研究却相对匮乏。由此可见，从结构传导效应视角来研究对外直接投资对利用外资的影响便可作为对外直接投资的承接国际产业转移效应的重点。尤其在对外直接投资能提升母国利用外资规模与质量的情形下，并能佐证对外直接投资影响承接国际产业转移的间接效应是真实存在的。

第三，累积因果理论、新经济地理理论和企业迁移理论等认为，区域生产成本差异与经济发展程度梯度差异是构成区域产业转移的主要原因。但上述理论均为在封闭经济条件下讨论区域产业转移的情形，结合经典投资理论中关于对外直接投资对母国国内产业结构调整影响的内容，在开放经济条件下的对外直接投资影响母国国内区域产业转移的间接效应便是可能存在的。归纳起来，经典区域产业转移理论将产业转出地和转入地的要素禀赋和市场规模差异分别作为产业转移发生重要条件。然而，在开放经济条件下，对外直接投资不仅会对母国国际市场需求产生影响，甚至也会对母国国内市场需求产生影响，背后反映的是对外直接投资对母国产业发展比较优势的冲击，而冲击效果最终将反映到区域产业规模上。如果母国各区域对外直接投资规模存在差异，说明上述影响也是不同的，那么市场需求受到冲击最大的母国区域是否会选择向受到冲击相对较小的区域进行产业转移呢？而区域产业转移策略又与各区域所受到的冲击程度有关。由此可见，从本地市场效应视角来研究对外直接投资对各区域产业规模的影响便可作为对外直接投资的国内区域产业转移效应的重点。尤其在对外直接投资在增加母国区域一产业规模的同时而减少区域二的产业规模，便说明对外直接投资影响母国区域二向区域一产业转移的间接效应是真实存在的。

值得强调的是，本书在分析框架图 2-1 内加入了对外直接投资的动机因素。这里主要参考了 Dunning 的国际投资折衷理论对动机的分类，鉴于在加入动机因素后，对外直接投资影响产业转移机制会更为复杂，需要对分析框架内的两类效应进行更为细致的分类讨论。例如，我们在分析对外直接投资对国内区域市场需求条件影响时，需要同时考虑对外直接投资所引致的对外产业转移对区域的外部市场规模的影响，即出口变化，并据此判断区域产业比较优势程度和采取的区域产业转移策略。总体而言，第一点和第二点主要体现的是对外直接投资与母国国际产业转移关系，而第三点则体现的是对外直接投资与国内区域产业转移关系。

第三章 中国对外直接投资与产业转移现状

第一节 中国对外直接投资发展现状

一、中国对外直接投资的发展历程

1. 自改革开放以来，随着经济体制改革和对外开放的逐步推进，我国对外直接投资发展取得了显著的成果

由图 3 - 1 可知，1982 ~ 2013 年，中国非金融类对外直接投资流量和存量呈现持续增长的态势，年均增长率分别达到 60.5% 和 41.7%。从总体增长趋势来看，中国非金融类对外直接投资流量和存量的增长具有较明显的协同性，且投资流量的波动幅度较大，而投资存量的增长则相对平稳。在 2000 年之前，中国对外直接投资规模维持在较低水平之内，虽然分别在 1985 年和 1992 年均有过增长高峰，流量增长率分别高达 369.4% 和 338.1%，存量增长率也达到 232.1% 和 74.5%，但由于基数较小，绝对规模仍然较小。这与我国正处于对外直接投资的初试阶段有关，1982 年，中共十二大召开标志着我国经济体制改革的正式启动，对外开放作为基本国策上升到政策层面。政策效果持续到 1985 年，随着长三角、珠三角等东部城市的开放范围的扩大，中国对外直接投资的条件日益成熟，企业对外直接投资出现快速增长。由于经验不足和资本约束，为了规避风险，对外直接投资仅仅被视为国内生产和出口贸易的补充，尚未形成规模。1992 年，以邓小平南方谈话为节点，加速推进中国市场化改革和国有企业股份制改革，中共十四大的召开也成为中国改革开放进入新阶段的重要标志，企业活力日益显现，对外直接投资规模也出现较快增长。然而，这一阶

段的投资主体仍然以国有企业为主，政府政策驱动是加快对外直接投资增长的主要力量。

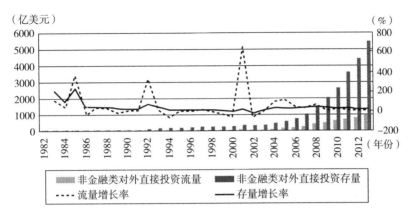

图 3－1　1982～2013 年中国非金融类对外直接投资流量、存量及增长率

资料来源：1982～2001 年数据来源于联合国贸发会议世界投资报告，2002～2013 年数据来源于中国商务部统计数据。

2. 2000 年之后，随着我国"走出去"战略的正式实施，极大地激发了包括私营企业在内的投资热情，对外直接投资呈现爆炸式增长

仅在 2001 年，中国对外直接投资流量增速就达到 651.6%，创造了新的历史纪录；2005 年，中国非金融对外直接投资流量突破 100 亿美元，达到 122.6 亿美元，同比增长 122.9%；2007 年，中国非金融对外直接投资存量即已突破 1000 亿美元，达到 1011.9 亿美元，同比增长 34.9%。截至 2013 年，我国累计对外直接投资流量和存量分别达到 1078.4 亿美元和 6604.8 亿美元，分别名列世界第 3 位和第 11 位，成为全球主要资本来源国。同期，我国境内投资者共对全球 184 个国家或地区进行了直接投资，累计实现非金融对外直接投资 5434 亿美元，境外企业资产总额达 1.66 万亿美元。

3. 国际金融危机之后，中国进出口贸易受到重创，对外直接投资成为了中国企业开拓国际市场的新选择

2013 年，中国进出口贸易额为 41600 亿美元，同比增长 7.6%，而实际利用外资为 1175.86 亿美元，同比增长 5.25%。相较于危机之前，中国进出口贸易和利用外资的增速已明显放缓，且长期贸易顺差的格局已悄然改变，虽然资本项目仍为顺差状态，但进出缺口较之于危机前已经明显缩小。据商务部统计，截至 2013 年，中国资本项目顺差仅为 248.5 亿美元，低于 2008 年的 505.4 亿美元。与此同时，中国正成为世界最大的资本输出国之一，由表 3－1 可知，自 2009

年以来，中国对外直接投资流量和存量分别以年均 17.3% 和 30% 的速度增长，所占全球当年流量的比重已由 2009 年的 5.1% 跃居至 2013 年的 7.6%，所占全球当年存量的比重则由 2009 年的 1.3% 跃居至 2013 年的 2.5%，上升幅度十分明显。

表 3 - 1   金融危机后中国对外直接投资流量和存量的世界比重

单位：亿美元，%

年份	对外直接投资流量			对外直接投资存量		
	中国	世界	比重	中国	世界	比重
2009	565	11000	5.1	2458	189800	1.3
2010	688	13200	5.2	3172	204000	1.6
2011	747	16900	4.4	4248	211700	2.0
2012	878	13900	6.3	5319	235900	2.3
2013	1078	14100	7.6	6605	263100	2.5

资料来源：《中国对外直接投资统计公报》（2009～2013 年）。

4. 非金融类对外直接投资在我国对外资本输出中所占比重也是不断变化的

由图 3 - 2 可知，从总体上来看，非金融类对外直接投资流量和存量占全行业对外直接投资的比重大致位于 80% 以上，表明我国实体经济类企业"走出去"程度较高，是当前我国对外直接投资的主体。2008 年，我国非金融类对外直接投资比重出现大幅度跌落，投资流量比重从 2006 年的 83.3% 下降至 2008 年的 74.9%，投资存量比重则从 2006 年的 82.8% 下降至 2008 年的 80.1%。由此可以看出，金融危机对实体经济的不利影响已经波及我国的非金融类对外直接投资，这也反映出虽然我国非金融类对外直接投资增长较快，但对外部冲击的敏感性也较大。然而，危机后的非金融类对外直接投资比重均出现了不同程度的上升，投资流量上升至 2013 年的 86%，而投资存量上升至 82.3%，这也体现了在后危机时代，随着我国实体经济率先复苏，在国内结构调整的迫切要求下，对外直接投资成为企业参与国际竞争的新途径。这离不开政府在政策层面的推动，自中共十八大以来，随着我国经济进入"三期叠加"的新常态阶段，结构调整和生产方式转变成为经济增长的主要目标。在此背景下，"一带一路"的开辟为我国企业对外直接投资提供了便利，较好地带动了非金融类对外直接投资比重的企稳回升。

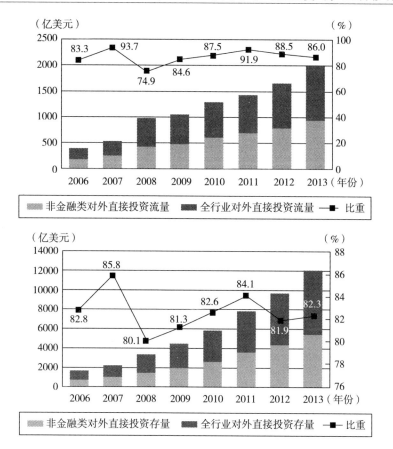

图 3 - 2　2006 ~ 2013 年我国非金融类对外直接投资流量、存量及其所占比重

资料来源:《中国对外直接投资统计公报》(2006 ~ 2013 年)。

二、中国对外直接投资的行业分布特征

通过行业分布能够透视出中国对外直接投资的结构特征。由图 3 - 3 可知,截至 2013 年,中国对外直接投资流量超过 100 亿美元的行业门类共有四个,即租赁和商务服务业、采矿业、金融业及批发和零售业,行业累计流量达到 816.2 亿美元,占我国对外直接投资流量总额的 75.7%。其中,金融业投资流量金额为 151 亿美元,占比 14%;非金融行业投资流量金额为 665.2 亿美元,占比 61.7%。同时,上述四大行业累计存量达到 5066.4 亿美元,占我国对外直接投资存量总额的 76.7%。其中,金融业投资存量金额为 1170.8 亿美元,占比 17.7%;非金融行业投资存量金额为 3895.6 亿美元,占比 59%。虽然非金融类对外直接投资仍然构成我国对外直接投资的主要来源,但随着我国资本市场的日

益完善，金融业对外直接投资也出现了高涨趋势。2013 年，中国金融业对外直接投资流量增长率达到 50%，高于非金融业对外直接投资流量的平均增长率。

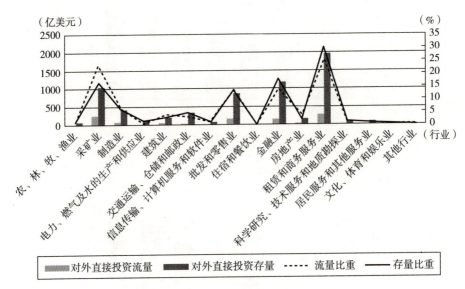

图 3－3　2013 年按门类行业分组的对外直接投资流量、存量及比重

资料来源：《中国对外直接投资统计公报》（2013 年）。

　　此外，非金融类对外直接投资内部的行业分布也极其不平衡，且大量资本均流入租赁和商务服务业、批发和零售业这些非实体经济行业，流入制造业等实体经济行业的资本却相对较少。2013 年，中国制造业对外直接投资流量仅为 72.2 亿美元，占全行业对外直接投资流量总额不足 7%，同比下降 17%，出现了负增长。但是，从制造业存量上来看，制造业对外直接投资额达到 419.8 亿美元，占比 6.4%，是对外直接投资总量中排名第 5 的行业。表明目前我国制造业对外直接投资基数仍然占有优势，即使在短期内会因外部不利冲击而导致边际量缩减，但并不会对我国制造业主体地位的分工格局造成影响。事实上，从近十年来我国制造业对外直接投资的发展轨迹来看，增长幅度较为明显。2013 年，中国制造业对外直接投资净额达到 72 亿美元，相当于 2003 年 6.2 亿美元的近 12 倍，保持了近 27.8% 的年复合增长率。况且，当前中国汽车制造、电子及通信设备制造等技术密集型制造业对外直接投资正呈现异军突起的态势，这对中国加速制造业升级以避免结构断层起到了十分重要的作用。

　　由图 3－4 可知，截至 2013 年，中国对外直接投资高度集聚分布于第二产业和第三产业，两者累计流量额和存量额分别达到 1060.3 亿美元和 6533 亿美元，分别占我国对外直接投资流量总额的 98.3% 和存量总额的 98.9%。如果不考虑金融业对外直接投资，我国第三产业对外直接投资流量额和存量额分别为 538.8 亿美元和 3574.2 亿美元，所占比重均在 50% 以上。中国对外直接投资高度集中分布于第三产业和第二产业的特征是与我国对外直接投资的行业分布格局相适应的，同时也能间接衬托中国对外直接投资背后的动机。单从非金融类对外直接投资流量来看，第三产业中的租赁和商务服务业、批发和零售业这类行业所占比重较大，两者总额共达 417.1 亿美元，所占比重为 77.4%。由于这类行业中的企业通常会采取贸易类投资方式，经营目标多以拓宽海外市场和获得超额利润为主，说明中国第三产业非金融类对外直接投资为市场驱动型的。另外，第二产业对外直接投资流量占比也达到 30% 以上，其中采矿业作为主要部门，投资流量额达到 248.1 亿美元，所占比重为 67.0%。一直以来，获取海外稀缺或战略性资源都是作为中国对外直接投资的传统目标，这也充分表明中国第二产业对外直接投资为资源驱动型的。关于制造业对外直接投资动机，由于细分行业中要素密集程度的差异，难以定论。据商务部统计资料显示，2013 年中国制造业对外直接投资涉及汽车、电气机械及器材、黑色金属冶炼和压延加工、金属制品、计算机/通信及其他电子设备、专用设备、纺织、食品、化学原料和化学制品制造业等诸多领域。其中既包括劳动、资本等要素投入程度较高的传统制造业部门，也不乏对技术水平要求较高的现代制造业部门，因此，从细分行业的广泛分布上来看，中国制造业对外直接投资动机更趋于多元化，既包括要素驱动型和市场驱动型，也包括技术驱动型。

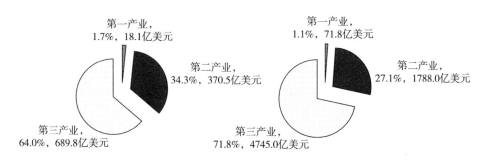

图 3 - 4　2013 年按三次产业分组的对外直接投资流量和存量比重

注：三次产业所属行业以 2011 年《国民经济行业分类》（GB/T 5754—2011）标准为依据；左图对应于三次产业对外直接投资流量比重，右图对应于三次产业对外直接投资存量比重。

资料来源：《中国对外直接投资统计公报》（2013 年）。

三、中国对外直接投资的国内区域分布特征

1. 通过地区分布能够透视出中国对外直接投资的空间特征

当金融危机之后，我国政府为继续扩内需、稳增长、有效应对金融危机、鼓励和促进企业对外直接投资分别采取了六个方面的措施，具体包括完善管理办法、制定支持政策、健全服务体系、加强人员培训、构筑安全保障体系和加大投资促进力度等。虽然上述措施带来了中国对外直接投资额的逆势上升，但在区域分布上，差距凸显。截至 2013 年，我国东部沿海区域对外直接投资流量额和存量额累计达到 292.2 亿美元和 1307.5 亿美元，分别占我国对外直接投资流量总额和存量总额的 80.3% 和 79.3%，相当于中西部区域对外直接投资总额的近 4 倍。2013 年我国对外直接投资流量前十位的省市均为东部沿海省份，分别为广东省、山东省、北京市、江苏省、上海市、浙江省、辽宁省、天津市、福建省、河北省（见表 3 – 2）。除了区域间对外直接投资差距较大以外，区域内各省份之间对外直接投资也有着较大差距。以东部省份对外直接投资流量排名第一的广东省和排名第二的山东省为例，两者投资额差距达到 16.78 亿美元，接近同期湖北省投资额的近 3 倍。区域间和区域内各省份间的对外直接投资梯度差距的存在是制约我国对外直接投资规模提升的重要因素。

2. 相较于东部区域，中西部区域对外直接投资增长更为迅猛

2013 年，中部区域和西部区域对外直接投资流量的同期平均增长率分别达到 38.51% 和 154.21%，高于东部区域的 36.86%；对外直接投资存量的同期平均增长率则分别达到 38.40% 和 59.73%，也高于东部区域的 35.50%。中西部区域对外直接投资增长率的提升有赖于相对落后省份的投资扩张，例如，西部区域较高的投资流量增长率主要由贵州省和西藏自治区所带动。这也表明中西部区域具有更大的对外直接投资增长空间，尤其随着工业化进程加快和资本丰裕度提升，中西部区域能以较快的速度实现投资总量的"赶超"，从长远来看，有利于缩小我国区域间对外直接投资差距和实现均衡化的"走出去"格局，具体情况如表 3 – 2 和图 3 – 5 所示。

表 3 – 2　2013 年地方对外直接投资流量、存量及增长率按省份分布情况

单位：亿美元,%

序号	省份	对外直接投资流量	增长率	对外直接投资存量	增长率
1	广东	59.43	12.38	342.34	35.98
2	山东	42.65	23.39	160.47	34.06
3	北京	41.30	144.59	127.65	68.44

续表

序号	省份	对外直接投资流量	增长率	对外直接投资存量	增长率
4	江苏	30.20	−3.53	111.63	42.53
5	上海	26.75	−19.33	178.44	27.90
6	浙江	25.53	8.16	109.88	28.54
7	辽宁	12.95	−53.12	77.31	11.19
8	天津	11.20	65.97	35.93	69.89
9	福建	9.52	11.14	39.68	22.58
10	河北	9.28	60.45	34.90	46.22
11	安徽	9.11	28.17	37.96	60.07
12	云南	8.30	−20.19	38.66	30.68
13	海南	8.17	155.31	34.34	3.19
14	黑龙江	7.73	6.81	33.50	32.42
15	吉林	7.52	153.84	21.39	47.13
16	河南	5.90	72.85	19.54	35.48
17	四川	5.84	−1.78	26.56	18.27
18	湖南	5.70	−42.74	45.47	10.01
19	山西	5.65	82.40	15.39	45.09
20	湖北	5.20	4.68	17.33	25.98
21	甘肃	4.32	−68.76	31.60	17.66
22	内蒙古	4.09	−21.15	16.79	37.31
23	江西	3.81	2.08	11.92	50.99
24	重庆	3.47	−34.56	19.40	13.46
25	新疆	3.16	−26.77	17.50	20.29
26	陕西	3.08	−49.35	20.03	11.65
27	贵州	2.08	927.90	3.27	273.98
28	宁夏	0.86	34.34	1.96	64.44
29	广西	0.81	−70.14	10.62	22.47
30	青海	0.36	180.94	0.91	187.77
31	西藏	0.00	1000.00	0.12	18.78

资料来源:《中国对外直接投资统计公报》(2013 年)。

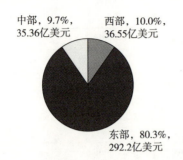
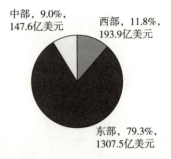

中部, 9.7%, 35.36亿美元　　西部, 10.0%, 36.55亿美元

东部, 80.3%, 292.2亿美元

中部, 9.0%, 147.6亿美元　　西部, 11.8%, 193.9亿美元

东部, 79.3%, 1307.5亿美元

图3-5　2013年地方对外直接投资流量和存量按区域分布情况

注：东部地区包括：北京市、天津市、辽宁省、河北省、山东省、江苏省、浙江省、上海市、福建省、广东省和海南省；中部地区包括：吉林省、黑龙江省、山西省、河南省、湖北省、湖南省、安徽省和江西省；西部地区包括：内蒙古自治区、广西壮族自治区、重庆市、四川省、贵州省、云南省、陕西省、甘肃省、青海省、宁夏回族自治区、新疆维吾尔自治区和西藏自治区。左图对应于三大地区非金融类对外直接投资流量，右图对应于三大地区非金融类对外直接投资存量。

资料来源：《中国对外直接投资统计公报》（2013年）。

四、中国对外直接投资的国别分布特征

1. 中国对外直接投资在国家或地区分布上的集聚特征也十分明显

截至2013年，中国在全球184个国家或地区均有投资分布，投资覆盖率高达79%，如表3-3所示。其中，在中国对外直接投资流量排名前20位的国家或地区中，共有11个国家或地区的投资流量在10亿美元以上，包括中国香港、开曼群岛、美国、澳大利亚、英属维尔京群岛、新加坡、印度尼西亚、英国、卢森堡、俄罗斯和加拿大，投资流量累计达到909.5亿美元，占我国对外直接投资流量总额的84.4%。中国香港、开曼群岛、英属维尔京群岛、卢森堡等是中国境外资本的主要聚集区，投资存量总额达到4637.4亿美元，所占比重为70.2%；在投资流量方面，2013年中国对这四个地区的对外直接投资额共计765.74亿美元，所占比重也达到71.1%。然而，由于中国企业对这些地区的投资多以商务服务业为主，且多为资本的境外集散地和避税港，往往无法真实地反映中国对外直接投资的真正规模。因此，在排除这些国家和地区后，2013年中国对外直接投资流量和存量分别为205.0亿美元和1115.7亿美元，所占比重均不到20%，这也说明中国对外直接投资所产生的实际财富效应并不明显，资本输出的投机性质较为严重。

表3-3　2013年中国对主要国家或地区的对外直接投资情况

单位：亿美元,%

序号	国家或地区	对外直接投资流量	比重	对外直接投资存量	比重
1	中国香港	628.24	58.3	3770.93	57.1

序号	国家或地区	对外直接投资流量	比重	对外直接投资存量	比重
2	开曼群岛	92.53	8.6	423.24	6.4
3	美国	38.73	3.6	219.00	3.3
4	澳大利亚	34.58	3.2	174.50	2.6
5	英属维尔京群岛	32.22	3.0	339.03	5.1
6	新加坡	20.33	1.9	147.51	2.2
7	印度尼西亚	15.63	1.5	46.57	0.7
8	英国	14.2	1.3	117.98	1.8
9	卢森堡	12.75	1.2	104.24	1.6
10	俄罗斯	10.22	0.9	75.82	1.1
11	加拿大	10.09	0.9	61.96	0.9
12	德国	9.11	0.8	39.79	0.6
13	哈萨克斯坦	8.11	0.8	69.57	1.1
14	老挝	7.81	0.7	27.71	0.4
15	泰国	7.55	0.7	24.72	0.4
16	伊朗	7.45	0.7	28.51	0.4
17	马来西亚	6.16	0.6	16.68	0.3
18	津巴布韦	5.18	0.5	15.21	0.2
19	柬埔寨	4.99	0.4	28.49	0.4
20	越南	4.81	0.4	21.67	0.3

资料来源：《中国对外直接投资统计公报》（2013 年）。

2. 中国对经济体的投资构成也存在差异

自 2011 年以来，虽然中国对发达国家经济体和发展中国家经济体的投资均呈上升趋势，但后者增速明显快于前者（见图 3 - 6）。其中，流向发展中国家经济体的投资流量由 2011 年的 612.3 亿美元连续上升至 2013 年的 939.7 亿美元，上升幅度高达 53.5%；然而，流向发达国家经济体的投资流量由 2011 年的 134.2 亿美元连续上升至 2013 年的 138.3 亿美元，上升幅度仅为 3.1%。增长幅度差异最终造成中国对发展中国家经济体和发达国家经济体的投资比重呈相反的变化，对前者的投资由 2011 年的 82% 迅速上升至 2013 年的 87.2%，而对后者的投资则由 2011 年的 18% 迅速跌落至 2013 年的 12.8% 。说明中国海外投资的首选地为发展中国家经济体，这固然与企业规模和发达国家的投资进入门槛有关，更重要的是，这也反映了企业通过对外直接投资以利用发展中国家廉价要素和获取战略性资源的迫切需要和动机有关。

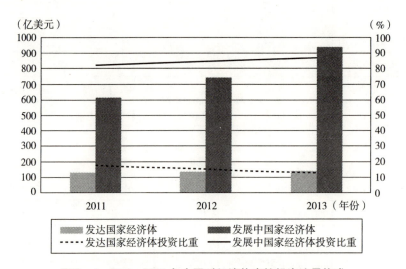

图 3-6 2011~2013 年中国对经济体直接投资流量构成

注：经济体划分标准来源于联合国贸发会议《世界投资报告》。

资料来源：《中国对外直接投资统计公报》（2013 年）。

3. 从中国对外直接投资的洲别分布上来看，亚洲和拉丁美洲构成了中国资本流入的主要地区

截至 2013 年，在亚洲地区的投资流量和存量分别达到 756 亿美元和 4474.1 亿美元，所占比重分别为 70.1% 和 67.7% ，主要分布在中国香港、新加坡、印度尼西亚等国家或地区，如图 3-7 所示。在拉丁美洲的投资流量和存量分别达到 143.6 亿美元和 860.9 亿美元，所占比重分别为 13.3% 和 13% ，主要分布在开曼群岛、英属维尔京群岛等国家或地区。欧洲、北美洲、大洋洲和非洲的对外直接投资流量占比分别为 5.5% 、4.5% 、3.4% 和 3.2% ，对外直接投资存量占比分别为 8.1% 、4.3% 、2.9% 和 4% 。然而，在排除海外资本转移和避税因素之后，亚洲地区的投资流量和存量分别下降至 127.8 亿美元和 703.2 亿美元，这与欧美等地区对外直接投资状况相当。由于中国香港和中国内地之间具有邻近优势，经济联系较为紧密，社会文化也很相近，这为中国绝大部分资本转入中国香港提供了客观条件，成为亚洲地区投资比重较高的重要因素。

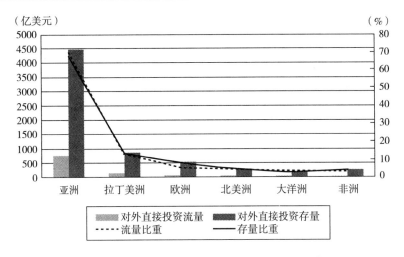

图 3 - 7　2013 年中国对外直接投资的地区分布情况

资料来源：《中国对外直接投资统计公报》（2013 年）。

第二节　中国对外产业转移发展现状

自改革开放以来，长期粗放型的发展模式和"大进大出"的贸易模式，使中国经济面临着突出的产能过剩和风险承受能力较弱的问题，这不仅制约了产业竞争力的提升，也不利于经济的可持续发展，而这一问题主要凸显于金融危机之后，由于国际经济复苏迟缓和各国技术性条款等非关税壁垒的接连出现，中国传统贸易模式受到了巨大冲击，表现为危机后中国出口增速的迅速下降。2013 年，中国出口增长率仅为 7.87%，低于危机前的平均增速。在这一背景下，中国对外直接投资规模和增速均得到显著提升，资本项目顺差也出现了缩减。随着企业"走出去"步伐加快，中国对外产业转移也逐步兴起。一方面，我国经济规模已位居世界前列，连年经济的高速增长为我国积累了雄厚的产业资本，成为了对外产业转移的助推力；另一方面，长期粗放型的经济增长模式也使我国产业结构严重失衡，重化工业的产能过剩问题凸显，迫切要求我国对外产业转移。

对外产业转移是国内产业结构调整的方式之一，通过产业结构调整幅度可对对外产业转移效果进行评判，由于产业结构变化必然会引起贸易商品结构变化，故最终可通过进出口商品贸易结构演变能有效认识中国对外产业转移效果。因此，本书利用历年按 STTC Rev. 3 分类的进出口商品数据，通过分析各类行业进出口规模及比重的变化以刻画我国对外产业转移的行业和区位特征。

一、中国对外产业转移的行业特征

1. 在出口方面

自20世纪90年代以来，中国出口规模不断扩大。其中，初级产品出口额和工业制成品出口额均大致呈逐年上升趋势（2009年除外），尤其随着中国加入WTO，工业制成品上升幅度进一步提升。由图3-8可知，在1991~2000年这一时期内，初级产品出口额从最初的161.45亿美元增长至254.60亿美元，增长幅度为57.7%，工业制成品出口额则从最初的556.98亿美元增长至2237.43亿美元，增长幅度为301.7%，说明在加入WTO之前，中国工业制成品出口规模便以高于初级产品的速度增长。受1997~1998年亚洲金融危机的冲击，我国工业制成品出口额仍然保持了2.8%的增长率，而初级产品出口额则表现为下降趋势，出现了14.5%的负增长。在2001~2013年这一时期内，初级产品出口额增长仍较为平稳，年平均增速为12.5%，然而，工业制成品出口额则增长相对较快，年平均增速达到19.7%。截至2013年，工业制成品出口额为21017.36亿美元，相较于2001年的2397.60亿美元增长了近9倍，远高于初级产品的出口幅度。尽管经历了2008~2009年全球经济危机的冲击，我国初级产品和工业制成品出口额分别出现了19.1%和15.8%的负增长，但在接下来的5年内，两者均保持了平稳回升的态势。

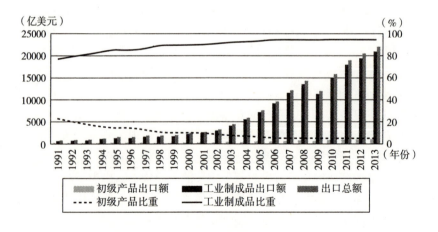

图3-8　1991~2013年中国出口产品构成情况

资料来源：《中国统计年鉴》（1992~2014年）。

另外，初级产品和工业制成品出口规模的变化最终反映于各自所占出口比重上。从1991年开始，我国初级产品出口比重和工业制成品出口比重表现为背道而驰的趋势，前者稳步下降，后者则稳步上升。在 2001 年中国加入 WTO 之后，初级产品出口比重首次下降至 10% 以下，而工业制成品出口比重则上升至 90% 以上。截至 2013 年，工业制成品出口比重高达 95.1%，而初级产品出口比重仅为 4.9%，说明工业制成品在我国出口产品结构中占据绝对的优势地位。

2. 在进口方面

中国在进口方面保持着上升趋势，且初级产品进口额和工业制成品进口额同其出口额存在相似的变化规律，即均大致呈逐年上升趋势（2009 年除外）。由图 3－9 可知，截至 2013 年，中国初级产品进口额和工业制成品进口额分别达到 6580.8 亿美元和 12919.1 亿美元，相较于 1991 年分别增长了 61 倍和 24 倍，虽然初级产品进口规模仍不及工业制成品，但前者增长幅度远高于后者。事实上，自 1991 年以来，初级产品进口额年均增长率为 23.0%，高于工业制成品进口额的 16.2%。对应地，初级产品和工业制成品进口规模的变化最终反映于各自所占进口比重上。不同的是，从 1991 年开始，我国初级产品进口比重和工业制成品进口比重表现为收缩拟合的态势，前者稳步上升，后者稳步下降。其中，初级产品进口比重从最初的 17.0% 上升至 2013 年的 33.7%，而工业制成品进口比重则从最初的 83.0% 下降至 2013 年的 66.3%，所占比重的差距也由最初的 66.0% 缩小至 32.5%。总之，中国对初级产品贸易逐渐由出口为主向进口为主转变，而对工业制成品贸易则逐渐由进口为主向出口为主转变。

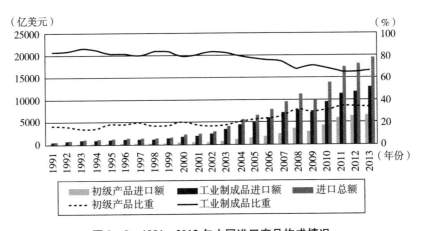

图 3－9　1991～2013 年中国进口产品构成情况

资料来源：《中国统计年鉴》（1992～2014 年）。

这一事实也充分表明，自 20 世纪 90 年代以来，为了获得更丰富的资源和原材料以满足国内工业发展需求，中国将国内初级产业链逐步转移至资源禀赋条件更好的东道国和地区，并通过逆向进口的方式以供给国内市场。相反，中国通过承接国际加工制造业转移，逐步嵌入全球价值链的分工环节，成为全球工业制成品的生产和供给基地，这使中国能出更多工业制成品以满足外部需求。仍需看到，中国工业制成品的出口和进口规模均高于初级产品，且所占份额较大。这意味着尽管我国同其他国家的工业制成品的产业内贸易特征较为明显，但工业制成品结构较为复杂，这一特征在各细分行业也可能存在差异，因此，需要对各行业的对外产业转移特征加以区分。

由于高技术产品贸易额最能反映产业结构的高度化与合理化程度，据此推断我国是否存在向外转移低附加值加工制造业以促进国内结构升级。由图 3 - 10 可知，自 1991 年以来，我国高技术产品出口和进口贸易额均大致为递增的趋势，且所占比重也逐年波动上升。其中，出口额由最初的 29 亿美元上升至 2013 年的 6603 亿美元，保持了 30.7% 的年均增长率，其所占工业制成品出口比重则由最初的 5.2% 攀升至 2013 年的 31.4%；进口额由最初的 94 亿美元上升至 2013 年的 5582 亿美元，保持了 21.5% 的年均增长率，其所占工业制成品进口比重则由最初的 17.8% 攀升至 2013 年的 43.2%。虽然在亚洲金融危机前夕的 1996 年和全球经济危机期间的 2009 年，我国高技术产品出口和进口贸易额均有过大幅度下降，但这并未影响到其整体上升态势。2004 年，我国高技术产品出口额达到 1654 亿美元，首次超过了进口额的 1613 亿美元，我国高技术产品贸易实现了由逆差向顺差的转变。此后，我国高技术产品贸易的顺差逐步拉大，截至 2013 年，顺差额已经达到 1021 亿美元，相较于 2004 年的 41 亿美元增长了近 25 倍

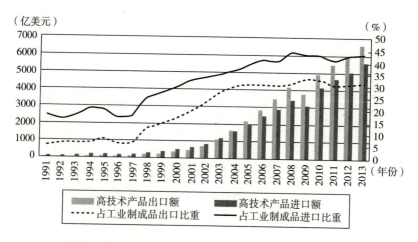

图 3 - 10　1991 ~ 2013 年中国高技术产品对外贸易情况

资料来源：《中国科技统计年鉴》（1992 ~ 2014 年）。

因此，高技术产品出口比重上升集中体现了我国工业制成品贸易结构优化的过程，也说明了我国正通过尝试将低附加值生产环节从工业体系中剥离，并向海外要素价格更低廉的国家或地区转移，从而将有限的资源更多配置于高技术产业发展中，这对提升我国在全球价值链中的分工地位意义重大。同时也从侧面反映了我国工业制成品贸易额的上升主要由高技术产品所带动的，而我国与他国的工业制成品的产业内贸易主要表现为高新技术产业内贸易。但是，相对于美日欧等主要发达国家，我国高技术产业发展过程中所存在的技术瓶颈也比较突出，企业研发能力相对薄弱，这在很大程度上制约了我国高技术产品的出口竞争力。况且，在关键技术领域的工业制成品仍需依赖进口，是造成我国高技术产品占工业制成品出口比重仍低于进口比重的主要原因（见图3-11）。

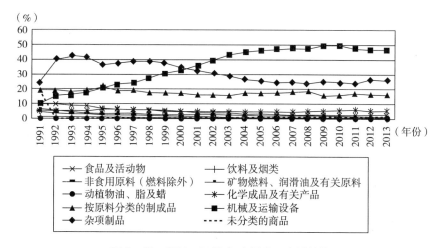

图3-11 1991~2013年中国出口商品结构

通过进出口商品结构的变化能进一步印证我国对外产业转移的行业特征。由图3-11可知，我国自1991年以来，初级产品出口份额呈下降趋势，而工业制成品出口份额则呈上升趋势。其中，从初级产品出口构成上来看，门类相对集中，主要以食品及活动物和矿物燃料、润滑油及有关原料为主，2013年，两者出口额占初级产品出口总额近80%的份额，能较好地反映初级产品的整体出口比重。数据显示，食品及活动物和矿物燃料、润滑油及有关原料的出口比重呈下滑趋势，出口比重从最初的16.7%下降至2013年的4.1%，而其他初级产品出口占比也出现了不同程度的下降。从我国工业制成品出口构成上来看，出口商品种类也较为集中，主要以机械及运输设备、杂项制品为主，2013年，两者出口额占工业制成品出口总额近77%的份额，也能较好地反映工业制成品的整体出口比重。数据显示，机械及运输设备出口比重大致为递增趋势，出口比重从最初的 10% 跃升至 2013 年的 47%，杂项制品出口比重则从最初的 23.1% 波动上升至 2013 年的 26.3%。同时，2001 年中国加入 WTO 之后，机械及运输设备出口额增长速度明显提升，并取代杂项制品成为中国主要出口工业制成品，说明了我国工业制成品出口结构不断优化。

3. 在进口商品结构方面

初级产品进口份额呈上升趋势，而工业制成品进口份额则呈下降趋势（见图 3-12）。其中，非食用原料和矿物燃料、润滑油及有关原料成为中国主要进口初级产品，2013 年，两者进口额占初级产品进口总额的近 91%，能较好地反映初级产品进口比重。数据显示，非食用原料和矿物燃料、润滑油及有关原料的进口比重呈上升趋势，进口比重从最初的 11.1% 上升至 2013 年的 30.8%，成为拉动我国初级产品进口的主要动力源。按原料分类的制成品和机械及运输设备成为中国主要进口工业制成品，2013 年，两者进口额占工业制成品进口总额的 66%，能较好地反映工业制成品进口比重。数据显示，原料分类的制成品和机械及运输设备变化趋势不尽相同，原料分类的制成品进口比重表现为波动下降趋势，进口比重从最初的 16.4% 降至 2013 年的 7.6%，而机械及运输设备进口比重则表现为波动上升趋势，进口比重从最初的 30.8% 上升至 2013 年的 36.4%，处于我国进口商品的最高位。

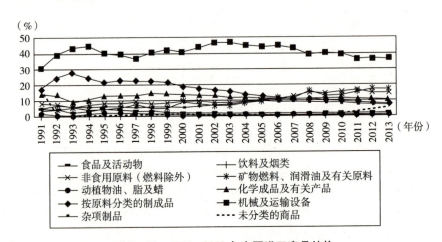

图 3-12　1991~2013 年中国进口商品结构

资料来源：《中国统计年鉴》（1992~2014 年）。

总之，以矿物燃料、润滑油及有关原料为代表的初级产品由出口向进口转变，而以机械及运输设备为代表的工业制成品在出口和进口上均有增长。这意味着我国能源等初级产业链的向外转移特征比较突出，而更加注重装备制造业这类高资本密集型和高技术密集型的产业发展，是我国工业制成品尤其是高技术产品的产业内贸易更为频繁的主要动力来源。

二、中国对外产业转移的区位特征

1. 在初级产品贸易方面

中国主要贸易对象集中于资源丰富的发展中国家。由表 3 - 4 可知，2013 年，在中国初级产品贸易总额排名前 10 的国家中，发展中国家总数达到 7 个，且进口贸易规模较大。其中，巴西（52 亿美元）、安哥拉（32 亿美元）、俄罗斯（37 亿美元）、印度尼西亚（30 亿美元）、沙特阿拉伯（44 亿美元）、伊朗（21 亿美元）、阿曼（20 亿美元）等国家成为了我国初级产品的主要贸易对象，贸易总额达到 236 亿美元，约占同期我国初级产品贸易总额的近 31%。同时，中国从这些国家进口初级产品贸易额累计达到 228 亿美元，约占我国初级产品进口总额的 34.6%，而中国对这些国家出口初级产品贸易额累计为 8 亿美元，所占我国初级产品出口总额的比重不足 10%。虽然中国与澳大利亚、美国和日本等发达国家也存在一定程度上的初级产品贸易往来，但出口贸易比重明显较高。同期中国同这些国家的贸易总额达到 165 亿美元，其中出口贸易额累计达到 25 亿美元，所占我国初级产品出口总额比重为 22.7%，而进口贸易额累计达到 140 亿美元，所占比重为 21.2%。尤其是对于资源相对匮乏的日本，中国对其出口的初级产品贸易额达到 14 亿美元，相当于进口贸易额 8 亿美元的近 1.5 倍。

表 3 - 4 2013 年中国与主要国家的初级产品贸易情况

单位：亿美元,%

国家或地区	贸易总额	出口贸易额	比重	进口贸易额	比重
澳大利亚	89	1	0.91	88	13.35
美国	54	10	9.09	44	6.68
巴西	52	1	0.91	51	7.74
沙特阿拉伯	44	0	0.00	44	6.68
俄罗斯	37	2	1.82	35	5.31
安哥拉	32	0	0.00	32	4.86
印度尼西亚	30	5	4.55	25	3.79
日本	22	14	12.73	8	1.21
伊朗	21	0	0.00	21	3.19
阿曼	20	0	0.00	20	3.03

注：这里的初级产品贸易仅指直接贸易，不包括转口贸易。

资料来源：联合国商品贸易数据库。

上述事实表明,中国对发展中国家的初级产品贸易大致呈逆差状态,而对发达国家的初级产品贸易则呈顺差状态。在国际分工日益细化的条件下,中国为了更有效率地融入全球价值链,会选择将初级产品生产地逐步转移至矿物资源及能源更为丰富的东道国,通过获取廉价的生产要素,以支持国内工业化的发展。然而,中国正处于经济转型阶段,基于能源安全和发展自主性的考虑,在关键要素生产领域仍然保有相当份额,并转化为我国对少数发达国家的出口贸易优势。

2. 在工业制成品贸易方面

中国与发达国家或地区的贸易规模则明显高于发展中国家。由表3-5可知,2013年,在中国工业制成品贸易总额排名前10的国家中,几乎全部是已经步入后工业阶段的发达国家。其中,我国与亚洲的中国香港、日本、韩国、马来西亚、新加坡等国家或地区的工业制成品贸易额累计达到1083亿美元,约占我国工业制成品贸易总额的31.9%,与北美洲的美国及欧洲的德国、英国、荷兰、瑞士等国的工业制成品贸易额累计达到814亿美元,所占工业制成品贸易比重也达到24%。同时,中国对这些国家工业制成品的出口贸易比重总体上要高于进口贸易比重。同期,中国与主要国家的工业制成品出口额累计为1208亿美元,所占我国工业制成品出口比重达57.5%,而进口累计额则为688亿美元,所占我国工业制成品进口比重为53.3%。

表3-5　2013年中国与主要国家或地区的工业制成品贸易情况

单位:亿美元,%

国家或地区	贸易总额	出口贸易额	比重	进口贸易额	比重
美国	468	359	17.10	109	8.45
中国香港	382	369	17.57	13	1.01
日本	291	136	6.48	155	12.02
韩国	255	84	4.00	171	13.26
德国	156	65	3.10	91	7.05
马来西亚	89	42	2.00	47	3.64
英国	66	50	2.38	17	1.32
新加坡	66	41	1.95	24	1.86
荷兰	64	59	2.81	5	0.39
瑞士	60	3	0.14	56	4.34

注:这里的工业制成品贸易仅指直接贸易,不包括转口贸易。

资料来源:联合国商品贸易数据库。

可见,中国对发达国家的工业制成品贸易主要呈顺差状态,尤其对美国、中国香港和日本的出口贸易优势十分明显。随着加工制造业的逐步稳固与发展，中国与发达国家之间的制造业内贸易规模有明显扩大，但这种贸易关系是建立在不对等的国际分工地位之上的，推动与发达国家之间的制造业内贸易由低附加值的劳动密集型商品结构向高附加值的资本或技术密集型商品结构转变也就成为我国经济结构优化的重要目标。

第三节　中国承接国际产业转移发展现状

20世纪90年代初所发生的全球第四次产业转移浪潮，为中国承接新一轮的国际产业转移创造了机遇。"引进来"战略的深入实施使中国得以大规模吸引外商直接投资，外资的进入不仅缓解了长期制约我国工业化进程的资本短缺问题，也相应带来了较为成熟的生产技术，深刻地影响着中国产业结构的进程。由图 3－13 可知，截至 2013 年，中国实际利用外资额达到 1175.86 亿美元，相较于 1991 年的 115.54 亿美元增长了近 10 倍，在将近 20 年的时间内年均复合增长率达到 13.32%，尽管在此期间，由于国际经济政治局势跌宕起伏，中国利用外资增速的变化范围较大，但这并不影响中国利用外资规模的整体向上趋势，即使在 1997 年的亚洲金融危机和 2008 年的全球经济危机中，中国利用外资额仍呈现逆势上升的态势，但分别保持着 17.5% 和 21.6% 的高增长率。

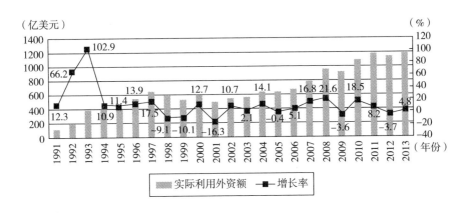

图3－13　1991～2013年中国利用外资发展状况

资料来源：《中国统计年鉴》（1992～2014年）。

大规模吸引和利用外资成为中国承接国际加工制造业转移的主要方式，通过引进发达国家成熟的生产技术和标准化的加工流程价值链，中国逐渐成为全球生产体系中不可分割的一部分。因此，本书利用历年来实际利用外资数据反映中国承接国际产业转移情况，具体分析利用外资的三次产业构成和全行业分布，以刻画我国承接国际产业转移的行业和区位特征。

一、中国承接国际产业转移的行业特征

如表3-6所示，总体来看，我国第一产业利用外资规模处于较低的水平，占我国利用外资总额比重从未超过2%，且仍呈现下降趋势。第二产业利用外资规模呈现震荡波动趋势，而所占比重大体为下滑趋势。具体表现为，在2004~2007年的利用外资总额由454.63亿美元连续小幅下降至428.61亿美元，而所占比重则由75%迅速跌落至57.3%，第二产业的利用外资主体地位出现动摇。2008年的金融危机并未对我国第二产业利用外资产生明显冲击，投资规模甚至上升至532.56亿美元，幅度高达24.3%。第二产业的利用外资额大致呈现先增后降的变化路径，以2011年为节点，在达到最大投资规模之后，连续两年出现负增长。截至2013年，我国第二产业利用外资额为495.69亿美元，所占比重仅为42.2%，虽然仍被视为我国吸引外资进入的主要领域，但相较于2004年，其绝对优势已经逐渐丧失。第三产业利用外资规模和所占比重均大致为持续上升趋势。截至2013年，我国第三产业利用外资额达到662.17亿美元，相较于2004年的140.53亿美元增长了近5倍，其所占比重也从2011年首次超过第二产业之后迅速攀升至2013年的56.3%，成为继第二产业之后吸引外资进入的新增长点。

表3-6　2004~2013年中国利用外资的产业构成情况

单位：亿美元，%

年份	第一产业		第二产业		第三产业	
	外资总额	比重	外资总额	比重	外资总额	比重
2004	11.14	1.8	454.63	75.0	140.53	23.2
2005	7.18	1.2	446.92	74.1	149.14	24.7
2006	5.99	1.0	425.07	67.4	199.15	31.6
2007	9.24	1.2	428.61	57.3	309.83	41.4
2008	11.91	1.3	532.56	57.6	379.48	41.1
2009	14.29	1.6	500.76	55.6	385.28	42.8
2010	19.12	1.8	538.60	50.9	499.63	47.3
2011	20.09	1.7	557.49	48.1	582.53	50.2
2012	20.62	1.8	524.58	47.0	571.96	51.2
2013	18.00	1.5	495.69	42.2	662.17	56.3

资料来源：《中国统计年鉴》（2005~2014年）。

目前，我国利用外资的产业构成呈现的是倒金字塔结构，第二产业和第三产业也自然成为我国承接国际产业转移的主要对象。然而，尽管第三产业利用外资规模和比重均高于第二产业，但在其行业分布上却展现了不同的特点。由图3-14可知，第二产业中的利用外资行业分布极其不对称，制造业成为外资进入的首要行业。2013年，制造业实际利用外资额达到455.55亿美元，占第二产业利用外资总额比重高达92%，占同期我国利用外资总额比重也达到38.7%。第三产业中的利用外资行业分布则相对均衡，且服务行业所占比重较大。2013年，以批发和零售业、房地产业、租赁和商务服务业为代表的服务业利用外资额分别达到115.11亿美元、287.98美元、103.62亿美元，三者累计值占第三产业利用外资总额比重仅为76.5%，其他近24%的外资额则来源于其他行业。因此，单从行业部门上看，制造业毫无疑问仍然是当前我国承接国际产业转移的重点领域，这也是与当前我国正处于工业化进程的阶段性特点相适应的。

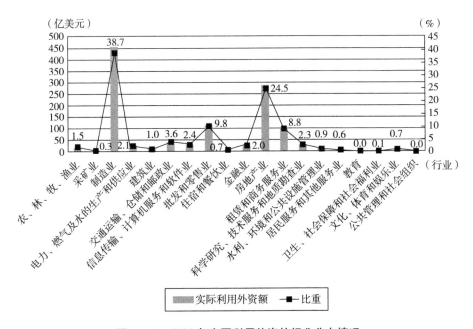

图3-14　2013年中国利用外资的行业分布情况

资料来源：《中国统计年鉴》（2014年）。

　　同时，通过吸引外资的行业构成能较好地反映我国承接国际制造业的层次。一般而言，资本密集型和技术密集型外资所占比重越大，意味着一国产业结构越合理，具有承接国际现代产业的条件和比较优势。由图3-15可知，中国制造业利用外资领域已经相当广泛，几乎涉及各个制造业细分行业，不仅包括劳动密集型行业（纺织业），还包括资本密集型行业（化学原料及化学制品制造业）和技术密集型制造业（医药制造业、通用设备制造业、专用设备制造业和通信设备、计算机及其他电子设备制造业）。既有数据显示，截至2012年，在排除其他零散分布行业之后，医药制造业、通用设备制造业、专用设备制造业和通信设备、计算机及其他电子设备制造业利用外资总额累计达到31%，而化学原料及化学制品制造业和纺织业利用外资额则分别为8%和3%，相较于资本密集型和劳动密集型制造业，技术密集型制造业已无可厚非地成为我国制造业利用外资的主要领域。这一事实特别说明，经过改革开放30多年的发展，中国承接国际制造业转移正逐步由低附加值的加工制造业向高附加值的现代制造业演进，这离不开中国长期实施的"市场换技术"的政策效果，通过引入和吸收外商先进的技术以改进生产模式成为我国企业实施品牌化战略和提升市场竞争力的重要渠道。技术密集型制造业所占比重上升极大地推动了我国产业结构的优化升级，加速了比较优势的动态转变，也将成为今后我国利用外资和承接国际制造业的主要方向。

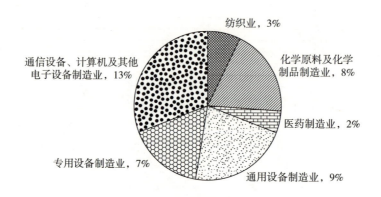

图 3 – 15　2012 年中国制造业利用外资的行业构成

注：其他行业包括食品制造及烟草加工业、造纸印刷及文教用品制造业、石油加工与化学工业、非金属矿物品制造业、金属冶炼及制品业等。

资料来源：《中国贸易外经统计年鉴》（2013 年）。

二、中国承接国际产业转移的区位特征

虽然我国实际利用外资的来源国家或地区已比较广泛，但在洲际区位构成和主要来源国或地区分布上却显得极不平衡。由图 3 – 16 可知，截至 2013 年，亚洲成为了我国吸引外资的主要来源，同期我国从亚洲吸收的外资额达到

946.72 亿美元，占全年外资流入总量的 80.5%，拉丁美洲为我国第二大资本来源地，对我国投资额为 82.07 亿美元，所占比重仅达到 7%，与亚洲差距明显。欧洲和北美洲分别为我国第三与第四大资本来源地，对我国投资额为 68.93 亿美元和 40.84 亿美元，所占比重分别为 5.9% 和 3.5%，非洲和大洋洲对我国的投资规模最小，累计为 37.06 亿美元。此外，除了我国实际利用外资的洲际区位分布比较集中以外，各洲内部主要资本来源国家或地区也呈存在极大差距。

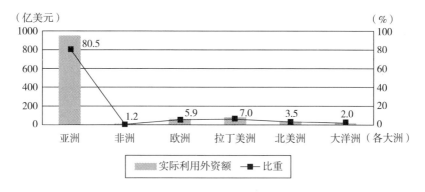

图 3 – 16 2013 年中国利用外资的洲际分布情况

资料来源：《中国统计年鉴》（2014 年）。

我国周边少数国家或地区仍然承担着投资的主要角色。从表 3 – 7 可知，2013 年，中国实际利用外资的来源国家或地区已达到 147 个，相当于全球国家或地区总数的 60% 以上，但来源地集中性较为凸显。从我国利用外资额达到 10 亿美元以上的来源国家或地区分布上来看，中国香港、新加坡、日本、韩国、中国台湾成为了亚洲地区对我国投资的主要来源地，其中仅来自于中国香港一地投资额便达到 733.97 亿美元，占我国同期利用外资比重的 62.4%，而占亚洲对我国资本输出比重则高达 77.5%。另外，来自于新加坡、日本、韩国、中国台湾的投资总额为 194.29 亿美元，不及中国香港的 1/3。而在拉丁美洲，英属维尔京群岛、开曼群岛对我国投资额累计为 78.27 亿美元，占我国同期利用外资比重的 6.6%，而占拉丁美洲对我国资本输出比重则高达 95.4%。在欧洲，我国吸引外资的来源地则广泛分布于德国、荷兰等发达国家，两国对我国投资额累计达到 33.53 亿美元，占我国同期利用外资比重的 2.9%，而占欧洲对我国资本输出比重则达到 48.6%。在美洲和大洋洲，美国和萨摩亚两国分别是对我国投资的主要来源国，投资额也达到 28.2 亿美元和 18.58 亿美元，所占各自所在洲的投资比重分别为 69.1% 和 79.9%。需要说明的是，无论是在规模上还是在比重上，中国吸引来自中国香港地区的外资都占有绝对比重，主要原因在于，为了达到避税目的，很多国外企业会通过在香港注册并迁回对我国进行投资。

表 3-7   2013 年中国利用外资额达 10 亿美元以上的来源国家或地区分布情况

单位：亿美元,%

序号	国家或地区	实际利用外资额	比重	增长率
1	中国香港	733.97	62.4	12.0
2	新加坡	72.29	6.1	14.6
3	日本	70.58	6.0	-4.0
4	英属维尔京群岛	61.59	5.2	-21.4
5	韩国	30.54	2.6	0.5
6	美国	28.20	2.4	8.5
7	中国台湾	20.88	1.8	-26.7
8	德国	20.78	1.8	43.2
9	萨摩亚	18.58	1.6	6.6
10	开曼群岛	16.68	1.4	-15.5
11	荷兰	12.75	1.1	11.5

资料来源：《中国统计年鉴》（2014 年）。

同时，观察我国利用外资主要来源国或地区的投资增长率发现，2013 年，除了亚洲的日本、中国台湾以及拉丁美洲的英属维尔京群岛、开曼群岛对我国投资出现负增长以外，其他国家或地区对我国投资大体呈上升趋势（见图 3-16）。其中，首先是欧洲的德国对我国投资增长尤为明显，同期增长率达到近 43.2%；其次是亚洲的新加坡和中国香港，增长率分别为 14.6% 和 12%。由于中国香港对我国投资的基数较大，因此，我国利用外资的来源国或地区的高度集中的分布格局甚至会有所加强，并将长期持续。

与此同时，中国各区域实际利用外资水平也存在很大差距（见图 3-17）。2013 年，东部区域吸引外资额达到 968.8 亿美元，占我国实际利用外资总额的 82.4%；相比之下，中部和西部区域实际利用外资规模总额累计为 207.1 亿美元，所占比重仅为 17.6%。从省级分布上来看，东部地区的江苏省（332.6 亿美元）、辽宁省（290.4 亿美元）和广东省（253.27 亿美元）成为我国外资高度集聚的省份，占同期实际利用外资总额的 70% 左右，相当于中西部所有省份利用外资总额的近 4 倍。

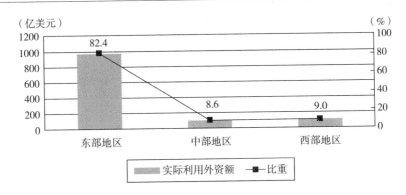

图 3 - 17　2013 年中国利用外资的区域分布情况

资料来源：《中国统计年鉴》（2014）。

　　由上述分析可知，我国实际利用外资额的全球区位分布和区域分布均呈现高度集聚的不平衡分布特征。这很好地说明了在第四次国际产业转移浪潮背景下，我国通过邻近优势较好地承接了周边国家或地区的劳动密集型产业，但对美欧等发达国家或地区的产业承接规模较小。由于我国东部区域具备良好的地理区位和较高的经济发展水平，吸引了大量外资企业入驻，毫无疑问成为了我国承接国际产业转移的"领头羊"。而中西部区域地处内陆，工业化程度相对滞后，对外资进入缺乏足够的吸引力，而区域间承接国际产业转移能力的差异又将制约我国经济均衡发展。

第四节　中国国内区域产业转移发展现状

一、中国国内区域产业转移的发展历程

　　受区域不平衡发展战略影响，中国东部区域与中西部区域的工业化水平差距日益拉大，构成了我国区域产业转移发生的客观原因。1978 ~ 1990 年，在邓小平提出的"先富后富、共同富裕"不平衡发展战略思想的指导下，东部区域成为我国劳动力、资本等生产要素流入和国家产业布局的重点区域。通过率先对外开放和承接国际加工制造业转移，东部区域工业规模增长迅速，构成我国经济"增长极"。由图 3 - 18 可知，自改革开放以来，东部区域第二产业增加值由最初的 1023.76 亿元增长至 1990 年的 4425.12 亿元，增长幅度高达 432%，所占我国第二产业增加值比重也由最初的 56.7% 上升至 1990 年的 56.8%。然而，中西部

区域工业规模和所占比重较小。截至 1990 年，中部和西部区域第二产业增加值累计为 3361.26 亿元，仅为东部区域的 76%；两区域第二产业所占比重也仅为 43.2%，也不及东部区域。这表明东部区域受益于"政策位差"的好处，在工业方面确实具备了先发优势，但集聚式经济发展也造成东部区域和中西部区域工业化水平差距的不断扩大。

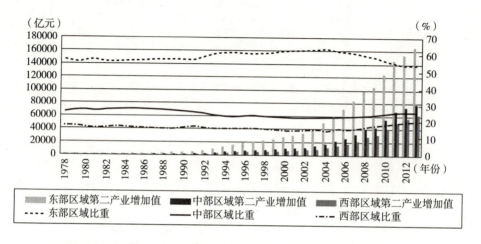

图 3-18 1978~2013 年中国三大区域第二产业增加值及所占比重

资料来源：《中国统计年鉴》（1979~2014 年）。

20 世纪 90 年代之后，为了防止区域发展的"两极分化"局面，区域协调发展战略逐渐取代非平衡发展战略成为我国工业化发展的指导思想。1991~1998 年，为我国区域协调发展战略的启动阶段，虽然国家"八五"和"九五"计划中已明确将中西部地区发展作为重要战略任务，但在此期间，东部区域第二产业增加值仍然保持着 23.2% 的较高增长率，不仅与中西部区域工业总量保持着较大差距，所占比重也继续上升至 60.8%，发展惯性的存在使短期政策效果并不明朗。随着 1999 年的"西部大开发""中部崛起"等战略的相继实施，政策支持重心开始由东部区域向中西部区域转移。同时，广阔的市场潜力和丰富的资源条件也吸引了东部区域将部分制造基地从沿海向内陆转移，这在一定程度上加快了中西部区域的工业化进程，"赶超"态势明显。截至 2013 年，中西部区域第二产业增加值累计达到 141496.3 亿元，虽然与东部区域的 165265.7 亿元仍有差距，但在此期间，中部区域和西部区域第二产业增加值增长率分别达到 16.7% 和 17.9%，高于东部区域的 14.8%。从比重上来看，东部区域第二产业所占比重从最初的 61.4% 下降至 2013 年的 53.9%，而中西部区域比重则从 38.6% 上升至 2013 年的 46.1%，这意味着区域协调发展战略的实施促使东部区域向西部区域更频繁的产业转移，东部和中西部之间的工业生产的分工格局日益优化。

二、中国国内区域产业转移的行业特征与主要类型

由表3－8可知，尽管我国三大区域的制造业在工业行业构成中均占据主体地位，但东部区域和中西部区域的制造业规模差距凸显。截至2011年，东部区域第二产业全行业总产值达到488225.94亿元，其中，制造业总产值为442145.42亿元，所占比重为90.6%，而采矿业和电力、燃气及水的生产和供应业的总产值累计为46080.52亿元，所占比重仅为9.4%，东部区域工业生产呈现向制造业高度集聚的格局。同时，中西部区域工业生产也存在相应的特征。如同期中部区域和西部区域制造业总产值达到145218.44亿元和83803.21亿元，所占各自区域工业全行业产值比重分别为82%和75%。然而，各区域在特定门类行业的生产规模及比重方面则存在差异。就采矿业而言，中部区域总产值为20825.24亿元，东部区域和西部区域总产值分别为19770.07亿元和17999.86亿元，中西部区域所占比重相对较高，说明中西部区域该行业生产的集聚程度较高。就制造业而言，东部区域总产值相当于中西部区域总产值总和的近2倍，且其所占比重也较高，成为了生产的"中心区域"。就电力、燃气及水的生产和供应业而言，东部区域总产值为26310.45亿元，而中部区域和西部区域总产值分别为11064.91亿元和9977.3亿元，中西部区域所占比重相对较高，说明中西部区域该行业集聚程度更高。由此可见，东部区域主要致力于制造业的专业化生产，而中西部区域则主要致力于采矿业和电力、燃气及水的生产和供应业的生产。

表3－8　2011年中国三大区域工业行业产值及比重　　单位：亿元，%

门类行业	东部区域		中部区域		西部区域	
	总产值	比重	总产值	比重	总产值	比重
采矿业	19770.07	4.0	20825.24	11.8	17999.86	16.1
制造业	442145.42	90.6	145218.44	82.0	83803.21	75.0
电力、燃气及水的生产和供应业	26310.45	5.4	11064.91	6.2	9977.3	8.9
全行业	488225.94	100.0	177108.59	100.0	111780.37	100.0

资料来源：《中国工业经济统计年鉴》（2012年）。

区位熵指标通常被用以判断某一产业能否构成区域的专业化部门，基本计算公式为：某一区域特定行业产值占该区域工业总产值的比重与全国特定行业

产值占全国工业总产值的比重之比。基于此方法，本书分别计算出 2011 年中国三大区域工业细分行业的区位熵，结果如表 3-9 所示。结果与各区域优势门类行业特征一致。在制造业方面，对于东部区域而言，纺织业 (1.23)，纺织服装、鞋、帽制品业 (1.29)，造纸及纸制品业 (1.08)，化学原料及化学制品制造业 (1.07)，化学纤维制造业 (1.41)，金属制品业 (1.24)，通用设备制造业 (1.17)，电气机械及器材制造业 (1.23)，通信设备、计算机及其他电子设备制造业 (1.40)，仪器仪表及文化、办公用品的制造业 (1.34) 的区位熵相对于中西部区域均较高，在生产的空间分布上表现为由中西部向东部区域集聚的特点。相反，东部区域在农副食品加工业 (0.80)，食品制造业 (0.85)，饮料制造业 (0.67)，烟草制造业 (0.59)，医药制造业 (0.87)，非金属矿物制造业 (0.84)，有色金属冶炼及压延加工业 (0.66) 的区位熵相对于中西部区域均较低，在生产的空间分布上表现为由东部区域向中西部区域转移的特点。

表 3-9　2011 年中国三大区域工业细分行业区位熵

细分行业	东部区域	中部区域	西部区域
煤炭开采和洗选业	0.38	1.87	2.31
石油和天然气开采业	0.61	1.15	2.48
黑色金属矿采选业	0.99	0.88	1.22
有色金属矿采选业	0.42	1.96	2.01
非金属矿采选业	0.66	1.50	1.69
农副食品加工业	0.80	1.49	1.12
食品制造业	0.85	1.31	1.14
饮料制造业	0.67	1.28	2.03
烟草制造业	0.59	1.31	2.30
纺织业	1.23	0.71	0.44
纺织服装、鞋、帽制品业	1.29	0.71	0.20
造纸及纸制品业	1.08	0.96	0.70
石油加工、炼焦及核燃料加工业	1.01	0.81	1.27
化学原料及化学制品制造业	1.07	0.90	0.87
医药制造业	0.87	1.27	1.13
化学纤维制造业	1.41	0.32	0.31

续表

细分行业	东部区域	中部区域	西部区域
非金属矿物制造业	0.84	1.41	1.06
黑色金属冶炼及压延加工业	1.01	0.94	1.06
有色金属冶炼及压延加工业	0.66	1.56	1.58
金属制品业	1.24	0.65	0.50
通用设备制造业	1.17	0.77	0.61
专用设备制造业	0.99	1.23	0.69
交通运输设备制造业	0.97	1.11	0.94
电气机械及器材制造业	1.23	0.71	0.47
通信设备、计算机及其他电子设备制造业	1.40	0.27	0.40
仪器仪表及文化、办公用品的制造业	1.34	0.49	0.34
电力、热力的生产和供应业	0.88	1.03	1.46

资料来源：《中国工业经济统计年鉴》（2012 年）。

在金融危机之后，随着我国经济进入"新常态"阶段，推进区域产业转移成为我国实现制造业结构与分工布局优化目标的重要手段。由表 3 - 10 可知，2008 ~ 2011 年，虽然中国三大区域制造业总产值均呈现上升趋势，但东部区域增速明显放缓，而中西部区域增速则明显上升，制造业总体上呈现由东部向中西部转移的特征。其中，东部区域制造业总产值的年均增长率为15.7%，而中部区域和西部区域的年均增长则分别达到26.9%和24.3%。

表 3 - 10　2008 ~ 2011 年中国三大区域各类制造业总产值及区位熵

单位：亿元

区域	所属类型	2008 年		2009 年	
		总产值	区位熵	总产值	区位熵
东部区域	制造业	287342	—	305959	—
	劳动密集型	59440	0.97	64499	0.95
	资本密集型	110710	0.91	113954	0.92
	技术密集型	117192	1.12	127506	1.11
中部区域	制造业	71918	—	79928	—
	劳动密集型	16593	1.08	19730	1.12
	资本密集型	36274	1.20	36938	1.15
	技术密集型	19051	0.73	23260	0.77

续表

区域	所属类型	2008 年		2009 年	
		总产值	区位熵	总产值	区位熵
西部区域	制造业	43816	—	50447	—
	劳动密集型	10028	1.07	12105	1.09
	资本密集型	23095	1.25	24911	1.23
	技术密集型	10693	0.67	13431	0.71

区域	所属类型	2010 年		2011 年	
		总产值	区位熵	总产值	区位熵
东部区域	制造业	381562	—	442145	—
	劳动密集型	77582	0.95	88004	0.94
	资本密集型	143313	0.92	173069	0.93
	技术密集型	160668	1.11	181072	1.12
中部区域	制造业	108831	—	145218	—
	劳动密集型	26193	1.12	35588	1.15
	资本密集型	50276	1.14	66947	1.09
	技术密集型	32362	0.78	42684	0.80
西部区域	制造业	65014	—	83803	—
	劳动密集型	15171	1.09	19125	1.07
	资本密集型	32410	1.23	42819	1.21
	技术密集型	17432	0.71	21859	0.71

资料来源:《中国工业经济统计年鉴》(2009～2012 年)。

然而,通过观察区位熵的变化趋势发现,不同类型制造业的区域产业转移的途径和方式也存在差异。对于劳动密集型制造业而言,东部区域区位熵由2008 年的 0.97 直线下降至 2011 年的 0.94,而中部区域区位熵由 2008 年的1.08 直线上升至 2011 年的 1.15,西部区域区位熵则先维持在 1.07,中西部区域区位熵高于东部区域,且差距正逐步拉大。由此可见,东部区域正逐步将传统的劳动密集型制造业向中西部转移,这与近年来东部区域"民工荒"和工资上涨息息相关。对于资本密集型制造业,东部区域区位熵由 2008 年的 0.91 连续上升至 2011 年的 0.93,中部区域区位熵经历了先增后降的过程并最终稳定在 2011 年的 1.09,西部区域区位熵则由 2008 年的 1.25 连续下降至 2011 年的1.21,中西部区域区位熵仍高于东部区域,且差距有所缩小。由于东部区域在化学原料及化学制品制造业、化学纤维制造业、金属制品业等某些资本密集型制造行业上仍具有竞争优势，吸引了中西部区域制造业资本的回流，转移动机更倾向于扩大市场规模。对于技术密集型制造业而言，东部区域区位熵经历了先降后升的过程并最终稳定在 2011 年的 1.12，中部区域区位熵由 2008 年的 0.73 连续上升至 2011 年的 0.80，西部区域区位熵至 2008 年之后就稳定在 0.71，东部区域区位熵高于中西部区域，差距变化不大。因此，当前我国技术密集型制造业仍然高度集聚于东部区域，这与该区域所具备的丰富研发资源和人才支撑密不可分。总之，目前我国区域产业转移主要集中于劳动密集型制造业和资本密集型制造业，前者呈现"衰退型"转移特征，后者则呈现"扩张型"转移特征。

第五节 小结

本章在分析中国对外直接投资和产业转移发展现状的基础上，分别发现两者目前所存在的突出问题：

第一，对外直接投资方面，首先，实体经济对外直接投资竞争力开始出现恶化的倾向。虽然目前实体经济部门仍然是中国对外直接投资的绝对主体，但在金融危机之后，中国非金融类对外直接投资流量开始出现显著下降，且在制造业上表现尤为明显。有迹象表明，中国实体经济产业部门竞争力正逐步弱化。其次，对外直接投资的行业分布极不均衡，制造业等实体产业对外直接投资动机存在多样化。中国对外直接投资高度集聚分布于第二产业和第三产业，前者构成了实体经济对外资本输出的主要来源。其中制造业对外直接投资所涉及的行业门类较多，既包括劳动密集型的传统制造业部门，也包括资本和技术密集型的现代制造业部门，集中体现了中国对外直接投资动机的复杂性。再次，中国对外直接投资的国内区域分布极不平衡。无论是在流量规模还是在存量规模上，均呈现东部地区高度集聚，而中西部地区相对滞后的分布格局。最后，中国对外直接投资国别分布不均匀。在排除了避税因素之后，中国对外直接投资高度集聚分布于亚洲、拉丁美洲等发展中经济体，一定程度上反映了中国对外投资合作渠道仍待加强。

第二，对外产业转移方面，初级产业竞争力弱化，存在对外转移倾向；制造业竞争力仍待加强，且主要表现为产业内贸易。前者可通过中国初级产品的出口为主的贸易结构反映，后者则通过中国工业制成品进出口双向增强的贸易结构反映。通过区位特征分析发现，中国主要向资源丰富的发展中国家转移初级产业，而加强与收入水平相对较高的发达国家的制造业内贸易。

第三，承接国际产业转移方面，中国承接国际实体产业转移的主体地位丧失。主要反映在中国倒金字塔式实际利用外资格局的形成，即第二产业实际利用外资优势已被第三产业所取代，作为产业承接国，中国对实体产业部门的吸引力正逐步削弱。但是，中国制造业实际利用外资的行业分布开始由劳动密集型和资本密集型为主向技术密集型为主转变，意味着中国在承接高端制造业等实体产业部门转移上具有更大优势。

第四，区域产业转移方面，中国第二产业发展的梯度特征较为明显。以制造业为主体的第二产业的区域分布大致呈现东部地区集聚，中西部地区相对分散的格局。另外，东部地区在技术密集型制造业发展上较之于中西部地区更具优势，维持着较高份额，而劳动密集型和资本密集型制造业在区位分布上则显得相对均匀，意味着后两类制造业是我国区域制造业转移的主要部门。

观察可知，中国对外直接投资与产业转移不仅在规模变化上基本具有相似的增强趋势，同时在行业和国别分布上也存在明显的关联性。其中，制造业作为实体经济对外直接投资的主要构成，也是中国进行产业转移的重点对象。具体存在以下可能关系：中国在加快制造业对外直接投资过程中，初级产品和工业制成品出现相反的变化，是否体现对外直接投资对中国初级产业和制造业对外转移的影响存在差异性？制造业等实体产业部门利用外资规模下降，是否意味着对外直接投资削弱了中国承接国际产业转移的比较优势？国内跨区域制造业转移步伐加快又是否受到了对外直接投资的影响呢？针对上述问题，并结合图 2 – 1 中的对外直接投资影响产业转移的直接机制和间接机制进行实证检验，有助于解释对外直接投资与产业转移在数据上的可能关联性。

第四章 中国对外直接投资的对外产业转移效应分析

第一节 问题提出

早期产业转移理论研究对国际产业转移效应的动因进行了探讨。在后续研究中，由于对外直接投资的对外产业转移效应难以直接度量，因此，一国对外产业转移与其产业结构变动又密切相关，为此，有学者从对外直接投资与贸易结构的关系上探讨了对外直接投资的对外产业转移效应。第一，对外直接投资与贸易之间存在替代效应，会导致国外生产对国内生产的替代，导致产业对外转移（Mundell，1957；Johnson，1967）；第二，对外直接投资与贸易之间存在互补效应，通过海外市场扩张和逆向技术溢出，促进国内产业结构升级，并促进资本密集型和技术密集型行业中间商品的出口，对外产业转移效应不明显（Helpman，1984；Lipsey，2004）。

虽然目前基于贸易结构的视角，学者得到对外直接投资的产业转移效应的结论并不一致，但对外直接投资的贸易替代效应和贸易互补效应均验证了对外直接投资会对本国贸易结构产生影响。值得关注的是，由于东道国要素禀赋的差异，母国对其对外直接投资动机也可能存在异质性。其中，隋月红（2010）基于Dunning对投资动机的分类，将中国对发展中国家对外直接投资和对发达国家对外直接投资明确区分为"顺梯度"对外直接投资和"逆梯度"对外直接投资。朱华（2014）对中国对外直接投资活动的实证检验发现，中国对发展中国家投资的动机主要包括规避贸易壁垒和利用当地廉价劳动力资源；揭水晶等（2013）则在对中国企业对外直接投资的逆向技术溢出机理进行分析发现，通过对外投资企业在发达国家的吸纳研发要素、构建跨国战略联盟和跨国并购等方式实现了对国内的技术传递。

然而，投资动机的差异使对外直接投资对本国贸易结构的影响也会有所不同，进而会导致不同程度的对外产业转移；同时在母国对外直接投资各阶段，其动机也有可能发生相应变化，从而会使对外直接投资的对外产业转移效应呈现不同特点，因此，有必要将对外直接投资动机因素纳入到既有的研究框架之内。此外，现有实证研究中大多并没有考虑到对外直接投资自选择行为，从而会因样本数据结构的非随机性而导致估计结果的偏差。鉴于此，本章在界定"顺梯度"对外直接投资和"逆梯度"对外直接投资的基础上，选取 2003 ~ 2012 年中国对 113 个国家的投资和贸易面板数据，运用 Heckman 选择效应模型，从贸易结构的视角对中国对外直接投资的对外产业转移效应进行更为准确的估计。

第二节　机制说明与实证模型设计

一、机制说明

关于"顺梯度"和"逆梯度"对外直接投资的定义，隋月红（2010）认为，前者主要指母国对欠发达国家的投资，以充分利用当地廉价生产要素和优惠政策，降低生产成本，投资动机倾向于资源搜寻型和效率搜寻型；后者则主要指母国对发达国家的投资，以扩大海外市场份额和获取先进生产技术，投资动机更倾向于市场搜寻型和技术搜寻型[①]。"顺梯度"和"逆梯度"对外直接投资本质上不仅体现了东道国经济发展和收入水平等经济梯度的差异，也体现了东道国要素和创新禀赋等技术梯度的差异，区位选择的差异最终反映母国对外直接投资动机也会有所不同。虽然两类对外直接投资方式所产生的效果存在差异，但就最终目标而言，两者则存在一致性。

1. 母国采取"顺梯度"对外直接投资方式会带来两种效应

（1）产业分离效应。顺梯度对外直接投资会将具有比较劣势的产业部门抽离出去，为具有潜在比较优势的产业部门发展提供必要的空间。

---

① 数据显示，截至 2013 年末，中国对亚洲、欧洲和北美洲国家的投资存量主要集中于租赁和商务服务业、金融业和制造业等市场依赖度和技术成熟度要求较高的行业，而对非洲、拉丁美洲和大洋洲国家的投资存量则主要集中于采矿业等资源丰度要求较高的行业。这也为本章关于 OFDI 动机分类方式提供了一定的事实证据。

（2）资本反馈效应。顺梯度对外直接投资在利用东道国有利的要素和政策条件时，能实现生产效率提升和利润增长，利润以资本的形式返回国内。

2. 母国采取"逆梯度"对外直接投资方式，也会相应带来两种效应

（1）市场扩张效应。逆梯度对外直接投资能扩大母国产品在发达国家的市场占有率，促进新兴产业在国外的先行发展，并通过逆进口的方式培育国内市场，随着母国收入差距的缩小，新兴产业的国内生产规模会日益扩大。

（2）技术反馈效应。逆梯度对外直接投资有助于母国从海外获得包括技术在内的稀缺资源，并通过学习、转化和吸收实现在国内新兴产业内的溢出。

同时，"顺梯度"和"逆梯度"对外直接投资对产业结构升级作用是同时存在的，并均有利于实现母国对外产业转移的目标。其中，"顺梯度"对外直接投资为母国产业结构升级提供了必要的空间和资本支持，"逆梯度"对外直接投资则主要通过提升母国新兴产业的市场规模和技术水平，推进产业结构的高度化。由于产业结构升级主要体现在生产中的要素比例的优化，最终将传导到贸易部门，会改善母国进出口产品结构，促进贸易部门的升级（姜茜、李荣林，2010）。受国内产业结构和贸易结构升级的压力，母国会加快对外产业转移的步伐，如图 4 - 1 所示。

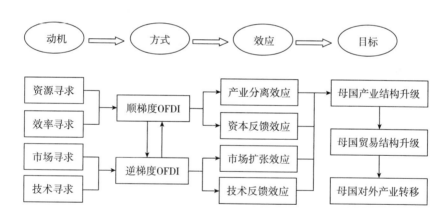

图 4 - 1　对外直接投资的对外产业转移效应发生机制

资料来源：笔者绘制。

二、实证模型设计

为了能识别对外直接投资背后的具体动机，参照 Bergstrand 和 Egger（2007）的研究，并根据"顺梯度"对外直接投资和"逆梯度"对外直接投资的定义，本章分别选取发展中国家样本和发达国家样本作为研究对象，在控制

了其他影响因素之后，将动机因素作为主要变量纳入投资引力方程中，设定如下：

$$\ln Ofdi_{ijt} = \alpha_0 + \alpha_1 \ln Gdp_{it} + \alpha_2 \ln Gdp_{jt} + \alpha_3 \ln Dist_{ij} +$$
$$\alpha_4 Bord_{ij} + \alpha_5 Lang_{ij} + \alpha_6 Fta_{ij} + \alpha_7 Pop_{jt} + \alpha_8 Tch_{jt} +$$
$$\alpha_9 Res_{jt} + \alpha_{10} Str_{jt} + d_i + v_t + \varepsilon_{ijt} \quad\quad (4-1)$$

其中，$i = 1, 2, 3, \cdots, N$；$t = 1, 2, 3, \cdots, T$。$Ofdi_{ijt}$ 表示 t 期内母国 i 对东道国 j 的对外直接投资额，衡量投资规模；Gdp_{it} 和 Gdp_{jt} 分别表示 t 期内母国 i 和东道国 j 的经济规模，衡量母国资本供给能力和进口国资本需求潜力，预期符号为正；$Dist_{ij}$ 表示母国 i 和东道国 j 的物理距离，衡量投资"冰山成本"，预期符号为负；$Bord_{ij}$ 和 $Lang_{ij}$ 分别表示两国是否存在共同边界和共同语言，为虚拟变量，衡量对外直接投资的阻力；Fta_{ij} 表示母国 i 和东道国 j 是否缔结双边合作协议，为虚拟变量，衡量两国经济紧密度；Pop_{jt}、Tch_{jt}、Res_{jt}、Str_{jt} 分别表示 t 期内东道国 j 的人口密度、技术水平、资源禀赋和人力资本，为核心解释变量，衡量 i 国对 j 国投资过程中的市场寻求动机、技术寻求动机、资源寻求动机和效率寻求动机；d_i、v_t 分别表示个体效应和时期效应；ε_{ijt} 表示扰动项。

然后，根据隋月红、赵振华（2012）的研究，构建"顺梯度"对外直接投资、"逆梯度"对外直接投资与贸易结构关系的模型，观察两类对外直接投资方式对母国进口产品结构和出口产品结构的影响，据此判断母国对外直接投资的对外产业转移效应的存在性，设定贸易结构决定方程如下：

$$Extra_{ijt} = \beta_0 + \beta_1 \ln Ofdi_{ijt} + \beta_2 Pgdp_{it}/Pgdp_{jt} + \beta_3 Ind_{it}/Ind_{jt} +$$
$$\beta_4 Bord_{ij} + \beta_5 Lang_{ij} + \beta_6 Fta_{ij} + d_i + v_t + \varepsilon_{ijt} \quad\quad (4-2)$$

$$Intra_{ijt} = \phi_0 + \phi_1 \ln Ofdi_{ijt} + \phi_2 Pgdp_{it}/Pgdp_{jt} + \phi_3 Ind_{it}/Ind_{jt} +$$
$$\phi_4 Bord_{ij} + \phi_5 Lang_{ij} + \phi_6 Fta_{ij} + d_i + v_t + \varepsilon_{ijt} \quad\quad (4-3)$$

其中，$Extra_{ijt}$ 和 $Intra_{ijt}$ 分别表示 t 期内母国 i 对东道国 j 出口产品结构和进口产品结构；$Pgdp_{it}/Pgdp_{jt}$ 表示母国 i 和东道国 j 的人均收入之比，衡量母国相对需求能力；Ind_{it}/Ind_{jt} 表示母国 i 和东道国 j 的工业化水平之比，衡量母国相对供给能力；同时，在式（4-2）和式（4-3）中分别加入了共同边界、共同语言和贸易协定等控制变量，d_i、v_t 分别表示个体效应和时期效应，ε_{ijt} 表示扰动项。

同时考虑到式（4-1）中存在对外直接投资动机差异所产生的"自选择"问题，即能观察到的"顺梯度"对外直接投资和"逆梯度"对外直接投资可能本身就存在特定动机，从而导致动机因素对对外直接投资的影响并非随机的；另外，式（4-2）和式（4-3）中可能会存在母国 i 对东道国 j 的零进出口贸易数据，即 $Extra_{ijt} = 0$ 或 $Intra_{ijt} = 0$ 的情况，可能导致参数估计结果失真（陈磊、曲文俏，2012）。对于这类样本选择性问题，如果不加处理，会导致参数估计结果的偏差，故选取 Heckman 两步估计方法，定义母国对外直接投资和进出口贸易选择方程如下：

$$\text{Prob}(Ofdi = 1) = \Phi(\gamma'w) \tag{4-4}$$

$$\text{Prob}(Extra = 1) \text{ Or } \text{Prob}(Intra = 1) = \Phi(\phi'w) \tag{4-5}$$

其中，Prob（$Ofdi = 1$）为母国 i 对东道国 j 进行投资的概率，Prob（$Extra = 1$）和 Prob（$Intra = 1$）分别为母国 i 对东道国 j 出口或进口的概率；w 为相关解释变量。

第三节　变量说明与实证结果分析

一、变量描述与数据来源说明

表 4-1 给出了模型中主要解释变量的代理指标及其数据来源。其中，在对外直接投资引力方程中，关于对外直接投资动机指标的测度，目前尚无统一标准。Eicher（2012）采用东道国每资本单位 GDP 的自然对数和母国与东道国教育水平之差来衡量母国对外直接投资的市场寻求和战略资产寻求动机，而李磊、郑昭阳（2012）主张使用世界银行的能源租金和矿产租金指标来衡量母国对东道国对外直接投资的资源寻求动机；部分学者认为，应使用复合指标来衡量母国对外直接投资的动机，如高宇（2012）就在衡量母国对外直接投资的市场寻求和资源寻求动机时，分别采用东道国 GDP、经商便利度和东道国石油生产虚拟变量、母国进口总额的复合指标。基于数据的可获得性，同时考虑到人口密度往往决定了东道国市场潜力，资源禀赋和技术水平往往能通过东道国出口产品规模和质量反映出来，而受教育水平则是度量东道国人力资本的重要方面，因此，本章分别选取东道国人口密度、高技术产品出口占比、能源和矿产品出口占比、教育公共开支总额占 GDP 比重作为中国对外直接投资动机变量 Pop_{jt}、Tch_{jt}、Res_{jt}、Str_{jt} 的代理指标。此外，$Ofdi_{ijt}$ 用中国对东道国对外直接投资存量表示；Gdp_{it}、Gdp_{jt} 分别用中国和东道国名义 GDP 表示；$Dist_{ij}$ 用中国与东道国首都之间的直线物理距离表示；$Bord_{ij}$、$Lang_{ij}$、Fta_{ij} 均为虚拟变量，是取 1，否则取 0。在贸易结构决定方程中，$Extra_{ijt}$、$Intra_{ijt}$ 分别用中国对东道国初级产业产品、制造产业产品出口份

额和进口份额表示[①]；$Pgdp_{it}$、$Pgdp_{jt}$分别用中国和东道国人均 GDP 表示；Ind_{it}、Ind_{jt}分别用中国和东道国工业总产值表示。在 Heckman 选择方程中，本章主要考虑了经济因素、地理区位因素和制度环境因素对中国对东道国对外直接投资和贸易概率的影响。

在剔除残缺或异常样本值的基础上，根据 2005 年联合国公布的发达国家名录，并以与中国存在较密切的贸易往来的事实作为判断依据，本章最终获取了 2003～2012 年中国对 113 个国家的双边投资和贸易面板数据，其中包含典型发达国家和发展中家数量分别为 29 个和 84 个[②]。中国对东道国对外直接投资存量数据来源于历年《中国商务统计年鉴》，中国对东道国的初级产业和制造产业产品进出口数据来源于联合国贸易数据库，距离数据参考世界地图，共同边界和共同语言数据根据 CEP Ⅱ 数据库整理得到，与中国是否缔结贸易协定信息来源于商务部自由服务区贸易网，东道国政体指数则来源于 Polity Ⅳ 数据库，其他变量有关数据均来源于世界银行数据库（见表 4 - 1）。

表 4 - 1　指标选取与数据来源

模型	变量	指标	来源
引力方程	$Ofdi_{ijt}$	中国对东道国对外直接投资存量（美元）	《中国商务统计年鉴》
	Gdp	中国和东道国 GDP（美元）	世界银行数据库
	$Dist_{ij}$	北京与东道国首都直线物理距离（公里）	世界地图
	$Bord_{ij}$	中国与东道国是否拥有共同边界（虚拟变量）	CEP Ⅱ 数据库
	$Lang_{ij}$	中国与东道国是否拥有共同语言（虚拟变量）	CEP Ⅱ 数据库
	Fta_{ij}	中国与东道国是否签署自贸协定（虚拟变量）	商务部自由服务区贸易网
	Pop_{jt}	东道国的人口密度（%）	世界银行数据库
	Tch_{jt}	高技术产品出口占比（%）	世界银行数据库
	Res_{jt}	能源、矿产品出口占比（%）	世界银行数据库
	Str_{jt}	东道国的教育公共开支总额占 GDP 比重（%）	世界银行数据库
贸易结构决定方程	$Extra_{ijt}$	中国对东道国的各产业产品出口份额（%）	联合国贸易数据库
	$Intra_{ijt}$	中国对东道国的各产业产品进口份额（%）	联合国贸易数据库
	$Pgdp$	中国和东道国的人均 GDP（美元）	世界银行数据库
	Ind	中国和东道国的工业总产值（美元）	世界银行数据库

①　参照 Lall（2000）对贸易产品层次的分类，选取 SITCV 2.0 编码中 1、2、3、4 作为初级产品，5、7、8 作为制造产品。

②　这里的发达国家主要是指人均 GDP 位于 8000 美元以上（按名义汇率计算）的社会发展水平较高的国家。

续表

模型	变量	指标	来源
选择方程	W_1	中国经济增长率（%）	世界银行数据库
	W_2	东道国经济增长率（%）	世界银行数据库
	W_3	东道国总税收占 GDP 比重（%）	世界银行数据库
	W_4	东道国开办企业流程成本占人均 GDP 比重（%）	世界银行数据库
	W_5	东道国企业信息披露程度指数（离散变量）	世界银行数据库
	W_6	东道国政体指数（离散变量）	Polity Ⅳ 数据库

注：变量 Gdp、Pgdp、Ind 不带下标，分别表示中国和东道国两国对应指标；选择方程中地理区位因素用变量 Bord、Lang 表示。

二、实证结果分析

1. 中国对外直接投资动机估计结果分析

考虑到中国对外直接投资动机的复杂性，故将动机变量的交互项纳入到引力方程（4-1）中，为了便于比较结果的稳健性，本章同时给出了混合面板（Ols）、随机效应（Re）、固定效应（Fe）和选择效应（Heckman）四种估计结果。

如表4-2和表4-3所示，对于中国"顺梯度"对外直接投资而言，在5%显著性水平下，动机变量 Res_{jt} 系数显著为正，且 Heckman 估计结果较大（0.008），印证了中国对发展中国家的"顺梯度"对外直接投资主要是为了获取当地丰富且成本较低的生产要素，以应对国内生产所面临的日益严峻的资源瓶颈，获得更大的投资收益；此外，逆米尔斯比率系数 λ 显著为 -0.821，说明存在样本选择性问题。使用 Heckman 两步法估计结果发现，回归方程中动机变量交互项 $Pop_{jt} * Res_{jt}$、$Tch_{jt} * Res_{jt}$ 系数分别为 -2.31e-05、3.41e-04 且较为显著，说明中国更倾向于选择资源丰富且技术水平较高的发展中国家作为投资对象，而避免进入资源丰富且人口密度较高的发展中国家。实际上，中国企业进入资源丰富的发展中国家时，当地具有一定的技术实力也说明其具有较好的资本接纳和转化能力，体现于中国对东道国矿产、能源开发过程中的研发费用的节约，以及对东道国廉价劳动力使用过程中的培训、管理费用的节约。而较高的人口密度将增加中国企业在当地投资建厂的协调成本，尤其对于资源开发过程中可能会面临土地使用、人员安置以及环境规制而产生较为高昂的成本。

表4-2　含动机因素的中国"顺梯度"对外直接投资引力方程估计结果

变量	Ols	Re	Fe	Heckman
常数项	-52.341*** (-13.04)	-60.307*** (-12.98)	-64.262*** (-28.94)	-57.349*** (-14.03)
$\ln Gdp_{it}$	1.788*** (13.99)	2.031*** (23.21)	1.829*** (12.88)	2.112*** (16.71)
$\ln Gdp_{jt}$	0.361*** (8.15)	0.469*** (4.79)	0.803*** (3.97)	0.204*** (4.21)
$\ln Dist_{ij}$	-0.047*** (-2.26)	-0.211*** (-5.46)	—	-0.484*** (-2.89)
$Bord_{ij}$	1.167*** (3.27)	1.426 (1.63)	—	0.827** (1.93)
$Lang_{ij}$	0.867** (1.93)	1.060 (0.92)	—	0.616 (1.16)
Fta_{ij}	1.478*** (5.18)	0.687 (0.99)	—	1.027*** (4.06)
Pop_{jt}	-0.002 (-1.29)	-0.001 (-0.38)	0.001 (0.37)	-0.004** (-2.10)
Tch_{jt}	-0.036 (-1.05)	-0.012 (-0.57)	-0.002 (-0.10)	0.028 (0.83)
Res_{jt}	0.001*** (2.06)	0.001*** (3.02)	0.003 (0.02)	0.008** (2.05)
Str_{jt}	0.005 (0.06)	0.092 (1.07)	-0.095 (-1.01)	-0.004 (-0.06)
$Pop_{jt}*Tch_{jt}$	1.21e-05 (1.62)	3.87e-05 (0.74)	1.17e-05 (0.22)	4.87e-05 (0.66)
$Pop_{jt}*Res_{jt}$	-4.93e-05 (-0.40)	-3.99e-05 (-0.19)	-1.59e-05 (-0.44)	-2.31e-05** (-2.13)
$Pop_{jt}*Str_{jt}$	-3.19e-04 (-0.08)	-3.55e-04 (-0.74)	-5.54e-04 (-0.36)	-8.24e-04 (-1.65)
$Tch_{jt}*Res_{jt}$	0.001*** (3.09)	1.43e-04 (0.50)	1.05e-04 (0.36)	3.41e-04* (1.77)

续表

变量	Ols	Re	Fe	Heckman
$Tch_{jt} * Str_{jt}$	-0.003 (-0.51)	0.002 (0.59)	0.003 (0.88)	-0.008 (-1.52)
$Res_{jt} * Str_{jt}$	0.001 (0.47)	0.001 (0.77)	0.001 (0.84)	6.19e-05 (0.04)
λ	—	—	—	-0.821*** (-2.56)
国家效应	否	是	是	是
时间效应	否	是	是	是
Adj-R^2	0.437	0.425	0.338	—
Wald 值	—	1538.46	—	627.33
F 值	39.15	—	131.45	—
观测值	789	789	789	636

注：括号内为 t 统计量，***、**、* 分别表示在1%、5%、10%水平上显著。

对于中国"逆梯度"对外直接投资而言（见表4-3），在5%显著性水平上，动机变量 Tch_{jt} 系数显著为正，印证了中国对发达国家的"逆梯度"对外直接投资主要是获取当地核心生产技术。发达国家由于研发活动具有较完备的教育、金融体系的支撑，技术实力雄厚，中国企业对其投资能够获得更大技术红利（王勋，2013）；此外，逆米尔斯比率系数 λ 显著为-0.282，说明存在样本选择性问题，使用 Heckman 两步法估计结果发现，回归方程中动机变量交互项 $Tch_{jt} * Res_{jt}$、$Tch_{jt} * Str_{jt}$ 系数分别显著为0.004、0.011，且后者大于前者，说明中国更倾向于选择技术水平高且人力资本较丰富的发达国家作为投资对象。事实上，人力资本作为发达国家技术吸收和创新能力的重要指标，与其技术水平存在直接的联系，中国企业既能利用当地高素质的人才队伍所产生的"学习效应"，捕获当地前沿生产技术，同时也能通过技术溢出效应，为当地培养更多的高素质人才，这种双赢局面是吸引中国企业投资的重要动因。另外，Heckman 选择方程表明，中国对东道国对外直接投资的"自选择"问题更有可能受东道国的经济、制度方面因素的影响。选择方程回归结果如附录2所示。

同时，在5%显著性水平上，变量 $\ln Gdp_{it}$、$\ln Gdp_{jt}$ 系数显著为正，变量 $\ln Dist_{ij}$ 系数显著为负，这与标准引力模型的结论是一致的[①]；变量 Fta_{ij} 系数显著为

---

① 标准引力模型认为，母国对东道国的投资与双方经济规模成正比，与双方地理距离成反比。

正，说明自贸协定对于中国对东道国投资具有促进作用；Waldχ^2 值表明模型整体估计结果较为理想。

表4-3　含动机因素的中国"逆梯度"对外直接投资引力方程估计结果

变量	Ols	Re	Fe	Heckman
常数项	-93.793 ***	-87.870 ***	-80.946 ***	-93.113 ***
	(-13.86)	(-9.27)	(-6.69)	(-13.87)
$lnGdp_{it}$	2.153 ***	2.214 ***	2.402 ***	2.612 ***
	(10.96)	(14.65)	(10.61)	(14.22)
$lnGdp_{jt}$	1.368 ***	1.413 ***	0.885 ***	0.996 ***
	(17.02)	(6.95)	(2.52)	(9.77)
$lnDist_{ij}$	-0.245 ***	-0.550 *	—	-0.729 **
	(-2.85)	(-1.78)		(-2.45)
$Lang_{ij}$	-0.877	0.785	—	9.404
	(-0.10)	(0.85)		(1.08)
Fta_{ij}	1.434 ***	2.039 **	—	0.876 ***
	(4.58)	(2.42)		(2.63)
Pop_{jt}	0.001	0.001	0.002	0.001
	(0.50)	(0.20)	(0.12)	(0.33)
Tch_{jt}	0.090 ***	0.146 *	0.211 **	0.060 ***
	(3.65)	(1.74)	(2.28)	(4.12)
Res_{jt}	0.156	0.015	0.047	0.170
	(1.08)	(0.28)	(0.82)	(0.71)
Str_{jt}	0.765 ***	0.094	0.419	0.464
	(2.43)	(0.25)	(0.97)	(1.54)
$Pop_{jt} * Tch_{jt}$	9.63e-05	1.44e-05	1.63e-05	4.12e-05
	(0.32)	(0.73)	(0.82)	(0.14)
$Pop_{jt} * Res_{jt}$	-1.82e-05	-3.01e-05	-7.79e-05	-4.43e-05
	(-0.37)	(-0.08)	(-0.20)	(-0.89)
$Pop_{jt} * Str_{jt}$	-2.52e-04	-3.38e-04	-4.03e-04	-3.66e-04
	(-0.73)	(-1.39)	(-1.59)	(-1.07)
$Tch_{jt} * Res_{jt}$	0.003 *	0.004 **	0.004 **	0.004 ***
	(1.72)	(2.30)	(2.18)	(2.63)

续表

变量	Ols	Re	Fe	Heckman
$Tch_{jt} * Str_{jt}$	-0.010	0.023	0.032**	0.011***
	(-0.59)	(1.54)	(2.01)	(4.39)
$Res_{jt} * Str_{jt}$	0.177**	0.007	0.011	0.037
	(2.01)	(0.74)	(0.92)	(0.66)
λ	—	—	—	-0.282***
				(-2.73)
国家效应	否	是	是	是
时间效应	否	是	是	是
Adj-R^2	0.712	0.683	0.143	—
Wald 值	—	645.28	—	832.68
F 值	45.92	—	49.58	—
观测值	274	274	274	280

注：括号内为 t 统计量，***、**、* 分别表示在 1%、5%、10% 水平上显著。

2. 中国对外直接投资的对外产业转移效应估计结果分析

为了考察对外直接投资对中国进出口贸易结构的影响，进而判断对外产业转移效应的存在性，需要对式（4-2）和式（4-3）中变量 $\ln Ofdi_{ijt}$ 的系数进行估计，在处理零贸易流量数据问题的基础上，选取 Heckman 选择效应模型作为基准。

（1）对于初级产业而言（见表 4-4），在 5% 显著性水平下，"顺梯度"出口方程中的变量 $\ln Ofdi_{ijt}$ 系数显著为负，"顺梯度"进口方程中的变量 $\ln Ofdi_{ijt}$ 系数显著为正，说明中国对外直接投资规模的持续扩大将有效减少中国对发展中国家的初级产品出口规模，进而转向进口。主要由于在中国国内生产要素成本上升问题凸显的背景下，中国"顺梯度"对外直接投资存在一定程度的资源寻求动机，一方面，中国对发展中国家的投资便于就近利用其丰富的能源矿产、资本、劳动力等生产要素进行生产，将形成对国内初级产业产品的市场挤出效应，从而减少中国对东道国的出口规模；另一方面，也与国内生产结构有关，中国在赶超式的经济增长过程中，积累了坚实的工业基础，并形成了以制造产业为主导的生产结构，导致了对生产要素的巨大需求，而通过对外直接投资的增长，能将部分能源勘探、挖掘等初级产业转移到发展中国家，并通过逆进口的形式，将生产要素输入以满足国内需求。此外，中国"顺梯度"和"逆梯度"出口方程中的变量 $Pgdp_{it}/Pgdp_{jt}$ 系数显著为负，进口方程中的变量 $Pgdp_{it}/Pgdp_{jt}$ 系数显著为正，说明中国相对收入水平越高，对初级产业需求量越大，会导致出口减少，进口增加。由此可见，"顺梯度"对外直接投资会压缩中国初级产业生产份额，增加发展中国家的初级产业生产份额，存在中国对发展中国家的初级产业转移。

表 4-4　中国初级产业贸易结构决定方程的 Heckman 两步法估计结果

变量	顺梯度（出口）	顺梯度（进口）	逆梯度（出口）	逆梯度（进口）
常数项	9.483 ***	7.059 ***	13.598 ***	13.313 ***
	(19.04)	(7.09)	(32.62)	(46.15)
$\ln Ofdi_{ijt}$	-0.395 ***	0.526 ***	-0.383	0.525
	(-10.37)	(9.75)	(-0.89)	(1.12)
$Pgdp_{it}/Pgdp_{jt}$	-0.280 ***	0.257 ***	-1.431 ***	1.832 **
	(-8.77)	(5.86)	(-4.70)	(2.40)
Ind_{it}/Ind_{jt}	-0.001 *	-0.003	0.002	-0.004 ***
	(-1.75)	(-0.72)	(0.39)	(-7.68)
$Bord_{ij}$	2.360 ***	1.893 ***	—	—
	(6.08)	(3.49)		
$Lang_{ij}$	2.048 ***	2.084 ***	0.880 *	0.804 *
	(3.97)	(2.88)	(1.80)	(1.86)
Fta_{ij}	1.129 ***	0.728 *	0.538 **	0.610 ***
	(4.14)	(1.90)	(2.20)	(2.97)
λ	-0.578 ***	-0.269 ***	-0.668 *	-0.830 ***
	(-2.59)	(-2.80)	(-1.95)	(-6.90)
国家效应	是	是	是	是
时间效应	是	是	是	是
Wald 值	741.02	334.03	316.66	902.18
观测值	616	616	259	259

注：括号内为 t 统计量，***、**、* 分别表示在 1%、5%、10% 水平上显著。

（2）对于制造产业而言（见表 4-5），至少在 10% 显著性水平下，"顺梯度"出口方程、"逆梯度"出口方程和"逆梯度"进口方程中的变量 $\ln Ofdi_{ijt}$ 系数均显著为正，说明中国对外直接投资规模的持续扩大将有效增加中国对发展中国家和发达国家的制造产品出口规模，并会扩大对发达国家制造产品的进口。主要由于中国对发展中国家的资本输出和绿地投资，会相应增加对中国机械制品、运输设备等中间制造产品的需求，将会促进国内制造业生产规模和出口规模的扩大，而中国对发达国家的投资则更倾向于技术寻求动机，通过跨国并购、直接投资等方式以获得当地较先进的生产技术，促进国内传统制造产业的升级和新兴制造业生产规模的扩张，同时提升中国制造产品的内含价值与国际竞争力，扩大对发达国家的出口规模。然而由于发达国家的技术限制和自身生产能力薄弱，中国对于某些高技术制造品仍需依靠外包进口的方式投入生产。此外，中国"顺梯度"和"逆梯度"出口方程中的变量 Ind_{it}/Ind_{jt} 系数显著为正，进口方程中的变量 Ind_{it}/Ind_{jt} 系数显著为负，说明中国工业化水平越高，制造业生产规模越大，会导致出口增加，进口减少。由此可见，对外直接投资会扩大中国制造产业生产份额，增加对发展中国家的净出口，实现与发达国家更频繁的产业内贸易。

表 4 - 5　中国制造产业贸易结构决定方程的 Heckman 两步法估计结果

变量	顺梯度（出口）	顺梯度（进口）	逆梯度（出口）	逆梯度（进口）
常数项	16.882 *** (52.20)	7.606 *** (9.23)	19.016 *** (67.70)	10.872 *** (16.25)
$\ln Ofdi_{ijt}$	0.392 * (1.69)	-0.486 (-1.50)	0.402 *** (18.31)	0.446 *** (8.30)
$Pgdp_{it}/Pgdp_{jt}$	-0.192 *** (-9.48)	0.331 *** (7.38)	-1.440 (-1.63)	1.787 *** (4.11)
Ind_{it}/Ind_{jt}	0.004 * (1.95)	-0.003 *** (-7.02)	0.002 *** (4.86)	-0.003 *** (-2.43)
$Bord_{ij}$	1.552 *** (6.21)	2.411 *** (4.59)	—	—
$Lang_{ij}$	1.435 *** (3.98)	1.325 * (1.89)	0.079 (0.25)	0.374 *** (5.06)
Fta_{ij}	0.544 *** (3.18)	2.852 *** (7.79)	0.701 *** (4.58)	0.335 *** (9.09)
λ	-1.207 *** (-15.50)	-1.534 *** (-5.16)	-0.383 * (-1.78)	-0.591 *** (-5.19)
国家效应	是	是	是	是
时间效应	是	是	是	是
Wald 值	703.04	945.48	566.15	604.77
观测值	616	616	259	259

注：括号内为 t 统计量，*** 、** 、* 分别表示在 1%、5%、10% 水平下显著。

在控制变量中，至少在 10% 显著性水平下，变量 $Bord_{ij}$、$Lang_{ij}$、Fta_{ij} 的系数均显著为正，说明地理邻近、文化相近和经济紧密均能有效促进中国与东道国的双边进出口贸易规模。逆米尔斯比率系数 λ 显著为负，表明模型存在因零贸易流量数据而导致的样本选择性偏差问题，进一步验证了 Heckman 选择效应模型的合理性。

3. 稳健性检验

（1）中国对外直接投资的对外产业转移效应的阶段性检验。2008 年的金融危机作为重要的冲击事件，对中国进出口贸易产生了重要影响，尤其在 2008 年之后，中国经济逐渐步入了由高速增长向稳定增长的"新常态"阶段，对外直接投资规模也加速扩张。考虑到样本数据的稳定性，故将 2008 年作为分界点，分别考察 2003 ~ 2008 年和 2009 ~ 2012 年两个样本期间中国对外直接投资的对外产业转移效应。

（2）对于初级产业而言（见表 4 - 6 和表 4 - 7），在 5% 显著性水平下，2003 ~ 2008 年样本期间"顺梯度"进口和出口方程中的变量 $\ln Ofdi_{ijt}$ 系数均显著为正，而 2009 ~ 2012 年样本期间"顺梯度"出口方程中的变量 $\ln Ofdi_{ijt}$ 系数显著为负，进口方程中的变量 $\ln Ofdi_{ijt}$ 系数显著为正，说明在金融危机之前，中国对发展中国家的对外直接投资并没有对国内初级产业生产产生明显的替代。可能的原因是，在经历了高速增长之后，中国国内积累了大量的过剩产能，而随着对发展中国家的投资，除了通过进口的方式获取海外廉价资源之外，也会通过出口的方式转移国内过剩产能；而在金融危机之后，由于各国纷纷采取贸易壁垒，为了降低生产成本，中国通过对外直接投资加速将部分初级产业生产基地转移到发展中国家，成为了初级产品的净进口方。

表 4 - 6　初级产业阶段性检验结果

变量	样本阶段：2003 ~ 2008 年			
	顺梯度（出口）	顺梯度（进口）	逆梯度（出口）	逆梯度（进口）
常数项	10.652 *** (14.97)	5.153 *** (13.84)	14.144 *** (23.55)	16.070 *** (40.22)
$\ln Ofdi_{ijt}$	0.367 *** (6.21)	0.379 *** (4.54)	0.434 (0.82)	0.583 (1.68)
$Pgdp_{it}/Pgdp_{jt}$	- 0.425 *** (- 7.63)	0.290 *** (3.83)	- 0.399 *** (- 3.10)	0.538 *** (5.24)
Ind_{it}/Ind_{jt}	0.002 *** (3.88)	- 0.002 *** (- 2.69)	0.002 (1.27)	- 0.008 *** (- 6.43)

续表

变量	样本阶段：2003～2008 年			
	顺梯度（出口）	顺梯度（进口）	逆梯度（出口）	逆梯度（进口）
λ	-0.270* (-1.85)	-0.134** (-2.30)	-0.052** (-2.13)	-0.030*** (-4.13)
Wald 值	454.06	206.30	241.58	279.50
观测值	352	352	155	155

变量	样本阶段：2009～2012 年			
	顺梯度（出口）	顺梯度（进口）	逆梯度（出口）	逆梯度（进口）
常数项	11.913*** (16.09)	14.840*** (23.67)	13.929*** (17.81)	16.049*** (28.20)
$\ln Ofdi_{ijt}$	-0.342*** (-7.16)	0.488*** (6.96)	-0.545* (-1.84)	0.363 (1.32)
$Pgdp_{it}/Pgdp_{jt}$	-0.234*** (-7.02)	0.490 (1.18)	-0.548*** (-2.70)	0.855*** (2.39)
Ind_{it}/Ind_{jt}	-0.006* (-1.74)	-0.002*** (-7.27)	0.009*** (4.11)	-0.002** (-2.03)
λ	-0.458* (-1.96)	-1.257** (-2.53)	-0.643* (-1.73)	-0.536*** (-2.43)
Wald 值	382.82	370.32	248.71	298.95
观测值	264	264	116	116

注：括号内为 t 统计量，***、**、* 分别表示在 1%、5%、10% 水平上显著；回归结果中均控制了国家效应、时间效应及其他控制变量。

（3）对于制造产业而言（见表 4 - 7），在 5% 显著性水平下，2003～2008 年"逆梯度"进口方程中的变量 $\ln Ofdi_{ijt}$ 系数显著为正，而 2009～2012 年样本期间"逆梯度"进口和出口方程中的变量 $\ln Ofdi_{ijt}$ 系数均显著为正，说明金融危机之前，由于中国对发达国家的投资规模较小，主要是通过对外直接投资的方式以获取发达国家的中间制造生产设备，而在金融危机之后，在国内增长结构调整的大背景下，中国对发达国家的投资存量逐渐增大，在获取制造生产设备的同时，还更积极地参加国外技术研发，并通过技术溢出的方式有效提升了国内制造业生产水平，也扩大了出口规模。总之，以金融危机为节点，随着中国对外直接投资战略的改变和规模的扩大，强化了对发展中国家初级产业的转移和对发达国家的制造产业的内部贸易。

表4-7 制造产业阶段性检验结果

变量	样本阶段：2003~2008年			
	顺梯度（出口）	顺梯度（进口）	逆梯度（出口）	逆梯度（进口）
常数项	8.853***	9.813***	19.479***	19.702***
	(60.31)	(24.68)	(55.74)	(25.42)
$\ln Ofdi_{ijt}$	0.093	-0.885**	0.415	0.420***
	(0.77)	(-2.02)	(0.87)	(9.41)
$Pgdp_{it}/Pgdp_{jt}$	-0.014	0.388***	-0.253***	0.957***
	(-0.13)	(4.84)	(-2.63)	(3.00)
Ind_{it}/Ind_{jt}	0.001	-0.004***	0.005***	-0.014***
	(1.41)	(-3.86)	(4.53)	(-9.23)
λ	-1.928***	-1.868*	-0.050**	-0.295**
	(-3.32)	(-1.78)	(-2.48)	(-2.36)
Wald值	94.03	82.29	368.69	326.09
观测值	352	352	155	155
变量	样本阶段：2009~2012年			
	顺梯度（出口）	顺梯度（进口）	逆梯度（出口）	逆梯度（进口）
常数项	18.308***	15.465***	21.515***	20.138***
	(62.90)	(26.52)	(72.01)	(51.13)
$\ln Ofdi_{ijt}$	0.345***	-0.363***	0.157***	0.149***
	(10.58)	(-5.56)	(5.92)	(5.60)
$Pgdp_{it}/Pgdp_{jt}$	-0.136***	-0.347***	-0.366*	0.320***
	(-7.02)	(-8.97)	(-1.75)	(4.28)
Ind_{it}/Ind_{jt}	0.001***	-0.003***	0.002***	-0.001***
	(5.64)	(-9.57)	(5.12)	(-2.42)
λ	-1.108***	-0.380***	-0.495*	-0.524***
	(-3.55)	(-2.51)	(-1.84)	(-2.92)
Wald值	227.10	205.74	273.93	203.49
观测值	264	264	116	116

注：括号内为t统计量，***、**、*分别表示在1%、5%、10%水平上显著；回归结果中均控制了国家效应、时间效应及其他控制变量。

（4）内生性检验。考虑到式（4-1）~式（4-3）存在共同的解释变量，从而有可能产生联立性问题，最终会导致进出口贸易流量变量与对外直接投资的双向因果关系和内生性问题，使得估计结果存在偏差。因此，本章将对外直接投资引力方程、贸易结构决定方程作为一个系统整体，构建联立方程组，使用3SLS方法进行估计，以观察结果的稳健性。如表4-8和表4-9所示，"顺梯度"对外直接投资和"逆梯度"对外直接投资引力方程中的动机变量及其交叉项系数均与本章预期符号一致，进一步印证了中国分别对发展中国家和发达国家投资过程中的资源寻求和技术寻求动机。同时，中国初级产业和制造产业贸易结构方程中的投资变量系数符号及显著性也没有发生较大的变动，支持了本章的中国"顺梯度"对外直接投资存在初级产业的对发展中国家转移效应及"逆梯度"对外直接投资则会强化与发达国家制造业内部贸易这一结论。另外，其他解释变量估计结果也相对稳定，Sargan检验表明联立方程组3SLS估计不存在过度识别问题。因此可知，内生性问题对Heckman选择效应估计影响并不明显，说明本章对外直接投资动机方程和贸易结构方程的估计结果是稳健的。

表4-8　内生性检验结果（初级产业）

变量	顺梯度			逆梯度		
	$\ln Ofdi_{ijt}$	$Extra_{ijt}$	$Intra_{ijt}$	$\ln Ofdi_{ijt}$	$Extra_{ijt}$	$Intra_{ijt}$
常数项	-53.462***	3.306***	43.598***	-90.786***	0.820*	-0.066
	(-13.54)	(5.63)	(6.79)	(-13.42)	(1.83)	(-0.01)
Pop_{jt}	-0.003	—	—	0.003	—	—
	(-1.53)			(0.89)		
Tch_{jt}	0.073	—	—	0.097**	—	—
	(1.15)			(2.18)		
Res_{jt}	0.015***	—	—	0.184	—	—
	(2.84)			(1.35)		
Str_{jt}	-0.035	—	—	0.861	—	—
	(-0.46)			(0.74)		
$\ln Ofdi_{ijt}$	—	-0.192***	1.637*	—	-0.160***	1.830***
		(-2.49)	(1.94)		(-3.11)	(3.01)
$Pgdp_{it}/Pgdp_{jt}$	—	-0.149***	3.504***	—	-4.976***	1.003
		(-3.74)	(7.99)		(-2.64)	(0.05)
Ind_{it}/Ind_{jt}	—	0.001	-0.001	—	0.004***	-0.024**
		(0.42)	(-0.30)		(4.90)	(-2.38)
$Pop_{jt}*Tch_{jt}$	1.88e-05	—	—	6.92e-05	—	—
	(1.56)			(0.23)		

续表

变量	顺梯度			逆梯度		
	$\ln Ofdi_{ijt}$	$Extra_{ijt}$	$Intra_{ijt}$	$\ln Ofdi_{ijt}$	$Extra_{ijt}$	$Intra_{ijt}$
$Pop_{jt} * Res_{jt}$	$-1.96e-05$ ***	—	—	$-4.12e-05$	—	—
	(-6.48)			(-0.81)		
$Pop_{jt} * Str_{jt}$	$-4.20e-04$	—	—	$-2.97e-04$	—	—
	(1.00)			(-0.87)		
$Tch_{jt} * Res_{jt}$	0.001 ***	—	—	0.003 **	—	—
	(3.22)			(1.95)		
$Tch_{jt} * Str_{jt}$	-0.003	—	—	0.012 ***	—	—
	(-0.63)			(2.57)		
$Res_{jt} * Str_{jt}$	0.001	—	—	0.022	—	—
	(0.31)			(0.74)		
Wald 值	662.34	264.62	152.00	690.35	110.13	53.54
观测值	840	840	840	290	290	290
Sargan	430.840			385.488		
P 值	0.000			0.000		

注：括号内为 t 统计量，***、**、* 分别表示在 1%、5%、10% 水平上显著；回归结果中均控制了国家效应、时间效应、引力方程变量及其他控制变量。

表 4-9　内生性检验结果（制造产业）

变量	顺梯度			逆梯度		
	$\ln Ofdi_{ijt}$	$Extra_{ijt}$	$Intra_{ijt}$	$\ln Ofdi_{ijt}$	$Extra_{ijt}$	$Intra_{ijt}$
常数项	-54.131 ***	92.859 ***	57.575 ***	-90.710 ***	99.185 ***	101.496 ***
	(-13.84)	(111.46)	(9.00)	(-13.46)	(217.62)	(19.85)
Pop_{jt}	-0.003	—	—	0.002	—	—
	(-1.47)			(0.84)		
Tch_{jt}	0.070	—	—	0.095 ***	—	—
	(1.11)			(4.84)		
Res_{jt}	0.014 *	—	—	0.204	—	—
	(1.75)			(1.16)		
Str_{jt}	-0.018	—	—	0.868	—	—
	(-0.24)			(0.78)		

续表

变量	顺梯度			逆梯度		
	$\ln Ofdi_{ijt}$	$Extra_{ijt}$	$Intra_{ijt}$	$\ln Ofdi_{ijt}$	$Extra_{ijt}$	$Intra_{ijt}$
$\ln Ofdi_{ijt}$	—	0.503 ***	-1.873 **	—	0.170 ***	2.049 ***
		(4.53)	(-2.23)		(3.25)	(3.48)
$Pgdp_{it}/Pgdp_{jt}$	—	-0.075	3.401 ***	—	-5.258 ***	3.856
		(-1.33)	(7.78)		(-2.75)	(0.18)
Ind_{it}/Ind_{jt}	—	0.005	-0.001	—	0.004 ***	-0.024 ***
		(0.93)	(-1.13)		(4.98)	(-2.44)
$Pop_{jt}*Tch_{jt}$	1.72e-05	—	—	8.85e-05	—	—
	(1.39)			(0.30)		
$Pop_{jt}*Res_{jt}$	-1.89e-05 ***	—	—	-3.97e-05	—	—
	(-6.38)			(-0.78)		
$Pop_{jt}*Str_{jt}$	-4.38e-04	—	—	-2.80e-04	—	—
	(-1.06)			(-0.82)		
$Tch_{jt}*Res_{jt}$	0.001 ***	—	—	0.003 *	—	—
	(3.35)			(1.66)		
$Tch_{jt}*Str_{jt}$	-0.003	—	—	0.012 *	—	—
	(-0.64)			(1.75)		
$Res_{jt}*Str_{jt}$	0.004	—	—	0.025	—	—
	(0.29)			(0.91)		
Wald 值	664.32	133.84	150.78	692.90	118.25	84.74
观测值	840	840	840	290	290	290
Sargan	382.369			385.742		
P 值	0.000			0.000		

注：括号内为 t 统计量，***、**、*分别表示在 1%、5%、10% 水平上显著；回归结果中均控制了国家效应、时间效应、引力方程变量及其他控制变量。

第四节　小结

本章从贸易结构的视角分析了中国对外直接投资的对外产业转移机制，并运用 Heckman 选择效应模型，分别对中国"顺梯度"和"逆梯度"对外直接投资的动机以及进出口贸易结构效应进行了实证检验。基本结论如下：

第一，中国"顺梯度"对外直接投资主要为资源寻求型，且更偏向于技术水平相对较高的发展中国家，其主要目的是为了获取发展中国家丰富的生产要素；中国"逆梯度"对外直接投资主要为技术寻求型，且更偏向于资源丰富、人力资本水平较高的发达国家，其主要目的是为了获取发达国家先进的生产技术。

第二，中国"顺梯度"对外直接投资存在对初级产业出口替代效应和进口互补效应，在资源寻求动机的驱使下，中国对发展中国家的投资，更易于导致初级产业生产链的转移；中国"逆梯度"对外直接投资则均存在对制造产业进口和出口的互补效应，中国对发达国家的对外直接投资会促进双方更频繁的制造业内贸易往来，这也表明中国对发达国家的投资仍处于成长阶段，并随着技术寻求动机的日益增强，中国国内生产的制造品内含价值也会相继提升，从而会有利于改善中国在全球价值链中的分工地位。

第三，通过阶段性检验发现，在金融危机之后，中国加快了对贸易结构调整的步伐，使对外直接投资对于我国产业结构优化的作用越发凸显。其中，"顺梯度"对外直接投资的初级产业转移效应更加明显，"逆梯度"对外直接投资的制造业产业内贸易流量显著增强。

第五章　中国对外直接投资的制造业空心化效应分析

第一节　问题提出

关于制造业"空心化"的定义，一般被认为是母国制造业大规模向外投资而导致的国内制造业份额出现下降而又无法得到及时填补的经济现象。根据表现形式的差异，可将其进一步明确区分为制造业"离本土化"和"离制造化"这两种类型，前者被认为只有在母国制造业因要素成本上升而失去竞争优势的情形下才有可能发生，而后者则被视为母国经济结构的"脱实向虚"的过程（Cowling 和 Tomlinson，2001；胡立君，2013；蔡兴、刘子兰，2012；刘海云、喻蕾，2014；褚振国，2013）。

然而，现有文献普遍认为，劳动力、土地等要素成本上升构成了母国制造业空心化的初始动因（张弛，1994；陈元朝，2007），对因跨国资本转移所带来的空心化效应研究还不多见。事实上，由初始动因带来的制造业资本过度输出，必然会通过资本项目造成实际利率波动，并对母国制造业生产和要素投入比例产生影响，目前鲜有文献对此进行论证。因此，从资本要素的角度理解对外直接投资与制造业空心化的关系十分必要，以此为主题，本章试图回答以下几个问题：制造业对外直接投资是否会抑制国内制造业资本形成？如果这类抑制作用存在，那么资本是会向外流动而导致制造业"离本土化"，还是向国内服务业部门流动而导致"离制造化"？两类空心化如何对国内制造业现有的要素投入比例产生影响？为此，本章尝试在 Romer 多部门模型基础上，考虑时间滞后效应，推导得到含资本要素的动态制造业空心化模型，并结合 2003 ~ 2013 年中国省际面板数据，对中国所面临的制造业空心化类型及阶段进行精准检验，以期为推动制造业良性健康发展和防范制造业空心化的出现提供有价值的启示。

第二节 对外直接投资的产业空心化效应的机理分析

一、机制说明

在制造业资本存量既定的情况下，母国大规模开展海外制造业投资项目实质上是资本抽离的过程。如果存在因政策因素或制造业发展环境变化而导致的母国制造业外资撤离，那么母国制造业资本项目顺差减少直至逆差出现，国内制造业资本存量会相继发生缩减。资金供应不足会导致制造业生产过程中的"钱荒"，而这无疑会造成制造业实际利率上升的压力，使国内高度依赖低成本要素投入的制造业发展模式难以为继。在这种情形之下，国内制造业厂商一般具有两种选择：

首先，将制造业生产基地整体搬迁至利率更低或者融资渠道更为便捷的海外其他国家，而制造业资本输出也会相继带来一揽子生产要素的外溢，包括劳动力、技术和管理经验等。长期来看，母国制造业的国际竞争力会下降，生产链的持续向外转移也会使制造业逐渐从母国生产体系中淡出，并最终发生制造业"离本土化"。

其次，将有限的生产资本转移至以虚拟经济为核心的服务业部门。与制造业不同的是，服务业具有更高的资本回报率，而利率上升形成了服务业部门对制造业资本的"虹吸效应"，资本过快涌入服务业部门，不仅会造成金融、房地产等新兴投资领域的膨胀，也会抑制母国以制造业为中心的实体经济的发展，形成母国产业结构的"离制造化"现象。

在图5-1中，无论是制造业"离本土化"还是"离制造化"，均会削弱母国制造业比较优势，使其落于空心化陷阱。制造业比较优势的丧失主要表现于，母国制造业资本项目逆差会造成制造业产品市场供给能力不足，会直接导致制造业部门出口减少和贸易逆差。进一步对制造业要素投入结构影响方面而言，对制造业工人的投资需求也会减少，造成失业增加和制造业劳动力市场相对过剩。因此，虽然制造业"离本土化"和"离制造化"表现形式各异，但最终均会导致制造业资本—劳动比的下降，以至于母国制造业"软化"，并陷入"低水平陷阱"，成为母国制造业空心化的基本特征。

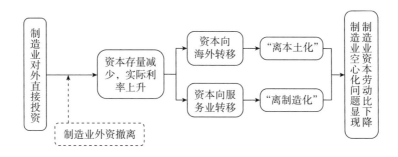

图 5 - 1　对外直接投资的制造业空心化效应发生机制

资料来源：笔者绘制。

二、理论模型推导

本章借鉴 Kim（2007）研究思路，在 Romer 的多部门模型的基础上，加入母国制造业双向资本流动对实际利率的影响，并据此推导出含资本要素的制造业空心化模型。

首先需要明确三个假设：一是母国经济只包含最终制造业产品部门和中间产品部门，各部门内都存在一个代表性厂商；二是资本和劳动力作为最主要的投入要素，且资本和劳动力数量有限；三是母国为一个小型开放经济体，制造业资本能跨国自由流动，实际利率由制造业资本存量的供求关系决定。指数 i 表示不同层级技术复杂度的制造行业，i 越高，该行业越倾向于技术密集型。将世界对母国制造行业 i 内代表性厂商的需求函数描述如下：

$$Q(i) = P(M(i)) = Z(i)M(i)^{-\phi} \qquad (5-1)$$

其中，$Q(i)$ 表示代表性厂商的制造品市场价格水平；$M(i)$ 表示代表性厂商的制造品总产量，由行业 i 的总体技术水平决定，满足条件 $M(i) \in \{M(i), i \leq I\}$；$Z(i)$ 表示影响代表性厂商需求的外生因素，如代表性厂商所拥有的技术水平等，对于所有的行业 i，均满足条件 $Z(i+1) > Z(i)$；φ 表示响应参数，满足条件 $0 < \varphi < 1$。同时最终制造品的生产不仅需要资本、劳动力等传统生产要素的投入，还需要使用到中间产品，需考虑最终制造品生产者的成本问题。

1. 垄断市场条件下的最终制造品生产问题

由于这里最终制造品部门代表性厂商能够通过改变产量影响市场价格，故在垄断市场条件下考虑其生产成本问题。而每个行业 i 内代表性厂商生产过程中都需要 n 类中间产品，故将技术水平给定的最终制造品行业代表性厂商的柯布—道格拉斯生产函数表述如下：

$$M(i) = \left[\left(\int_0^n q_j(i)^{\frac{\sigma-1}{\sigma}} dj \right)^{\frac{\sigma}{\sigma-1}} \right]^{\alpha} L_f(i)^{\beta} K_f(i)^{1-\alpha-\beta} \qquad (5-2)$$

其中，$q_j(i)$ 表示行业 i 内最终制造品代表性厂商所消耗的第 j 类中间产品的数量，满足条件 $0 < j < n$；$L_f(i)$、$K_f(i)$ 分别表示行业 i 内最终制造品代表性厂商所消耗的劳动力和资本存量；σ 表示各类中间产品的替代弹性，且满足条件 $\sigma > 1$；式（5-2）满足规模报酬不变条件，且 α、β、$1-\alpha-\beta$ 分别表示中间产品、劳动力和资本的产出弹性。

在要素价格给定的前提下，行业 i 内最终制造品代表性厂商为了最有效率地生产一定数量的产品，会面临以下生产成本问题：

$$\mathrm{Min}C(i) = \bar{w}L_f(i) + r(i)K_f(i) + \sum_{j-1}^{n} p_j(i)q_j(i) \qquad (5-3)$$

其中，除考虑劳动力供求因素之外，母国经济景气度、企业经营绩效和最低工资政策均会构成工资调整刚性的外生因素。为了简化分析，本章假设母国制造业工资 $\bar{w}$ 为恒定不变的；同时，制造业实际利率 $r(i)$ 和中间产品价格 $p_j(i)$ 则作为内生变量被引入式（5-3）中。为了达到成本最小化，在式（5-2）成立的条件下，构建拉格朗日函数式，并对行业 i 内最终制造品代表性厂商一阶最优条件化简得到：

$$\frac{\lambda\alpha M(i)}{nq} = p_j(i) \qquad (5-4)$$

$$\frac{\lambda\beta M(i)}{L_f(i)} = \bar{w} \qquad (5-5)$$

$$\frac{\lambda(1-\alpha-\beta)M(i)}{K_f(i)} = r(i) \qquad (5-6)$$

其中，λ 表示行业 i 内最终制造品代表性厂商的边际成本和平均成本，根据式（5-5）和式（5-6）之比，可得到行业 i 内最终制造品代表性厂商成本最小化条件下资本—劳动比率为厂商的相对资本投入。如式（5-7）所示：

$$\frac{K_f(i)}{L_f(i)} = \frac{1-\alpha-\beta}{\beta}\frac{\bar{w}}{r(i)} \qquad (5-7)$$

由于在垄断市场条件下，对中间产品的市场需求被视为"引致需求"，根据中间厂商利润最大化条件，可推导出中间产品价格为制造业工资和实际利率的加成。表示为：

$$p_j(i) = \frac{\sigma}{\sigma-1}\varphi_1\bar{w} + \frac{\sigma}{\sigma-1}\varphi_2 r(i) \qquad (5-8)$$

然而，将式（5-4）~式（5-6）代入式（5-2）中，可将 λ 表示为制造业工资、实际利率和中间产品价格的函数，即

$$\lambda = \lambda(p, w, r) = \left(n^{\frac{\alpha}{\sigma-1}}\alpha^\alpha\beta^\beta(1-\alpha-\beta)^{1-\alpha-\beta}\right)^{-1}p_j(i)^\alpha\bar{w}^\beta r(i)^{1-\alpha-\beta} \qquad (5-9)$$

结合式（5-8）和式（5-9）可知：

$$\lambda = N(\varphi_1 \overline{w} + \varphi_2 r(i))^{\alpha} \overline{w}^{\beta} r(i)^{1-\alpha-\beta} \tag{5-10}$$

其中，$N = (n^{\frac{\alpha}{\sigma-1}} \alpha^{\alpha} \beta^{\beta} (1-\alpha-\beta)^{1-\alpha-\beta})^{-1} \left(\dfrac{\sigma}{\sigma-1}\right)^{\alpha}$，最终将行业 i 内最终制造品代表性厂商的边际成本表示为实际利率 $r(i)$ 的函数。在此基础上，可对行业 i 内最终制造品代表性厂商的利润最大化问题进行核算。

2. 最终制造品代表性厂商的利润最大化问题

结合式（5-1），为了获得行业 i 内最终制造品代表性厂商最优劳动力、资本和中间产品使用量，达到均衡状态，那么需要对其利润最大化问题进行考察。表示如下：

$$\underset{M(i)}{\text{Max}}(P(M(i))M(i) - \lambda M(i)) = \underset{M(i)}{\text{Max}}(z(i)M(i)^{1-\phi} - N(\varphi_1 \overline{w} + \varphi_2 r(i))^{\alpha} \overline{w}^{\beta} r$$
$$(i)^{1-\alpha-\beta}M(i)) \tag{5-11}$$

因此，可获得 $M(i)$ 的一阶最优表达式，即：

$$M(i) = \left(\frac{(1-\phi)Z(i)}{N(\varphi_1 \overline{w} + \varphi_2 r(i))^{\alpha} \overline{w}^{\beta} r(i)^{1-\alpha-\beta})}\right)^{\frac{1}{\phi}} \tag{5-12}$$

结合式（5-11）和式（5-5）、式（5-6）、式（5-9），可将行业 i 内最终制造品代表性厂商的劳动投入 $L_f(i)$ 和资本投入 $K_f(i)$ 分别表示为：

$$L_f(i) = S_1 Z(i)^{\frac{1}{\phi}} (\varphi_1 \overline{w} + \varphi_2 r(i))^{\frac{\alpha(\phi-1)}{\phi}} r(i)^{\frac{(\phi-1)(1-\alpha-\beta)}{\phi}} \tag{5-13}$$

$$K_f(i) = S_2 Z(i)^{\frac{1}{\phi}} (\varphi_1 \overline{w} + \varphi_2 r(i))^{\frac{\alpha(\phi-1)}{\phi}} r(i)^{\frac{(\alpha+\beta)(1-\phi)-1}{\phi}} \tag{5-14}$$

其中，$S_1 = \beta(1-\phi)^{\frac{1}{\phi}} N^{\frac{\phi-1}{\phi}} \overline{w}^{-\frac{\beta(\phi-1)-\phi}{\phi}}$，$S_2 = (1-\alpha-\beta)(1-\phi)^{\frac{1}{\phi}} N^{\frac{\phi-1}{\phi}} \overline{w}^{-\frac{\beta(\phi-1)}{\phi}}$。对于母国而言，如果存在制造业"离本土化"或"离制造化"的空心化现象，那么意味着国内制造业将会呈现萎缩趋势，会造成制造业内失业的增加，资本存量减少，即资本—劳动比会出现下降。结合式（5-13）和式（5-14）可获得行业 i 内最终制造品代表性厂商的资本—劳动比，表示为：

$$\frac{K_f(i)}{L_f(i)} = \frac{S_2}{S_1} \frac{1}{r(i)} = \frac{1-\alpha-\beta}{\beta} \frac{\overline{w}}{r(i)} \tag{5-15}$$

比较式（5-7）和式（5-15）可知，制造业厂商在成本最小化相对资本投入等同于其在利润最大化均衡条件下的资本—劳动比。由于通过制造业资本项目会对母国制造业资本存量产生影响，进而会造成实际利率的波动，其中，母国制造业资本项目"逆差"会减少国内制造业资本供给，均衡实际利率也上升。同时母国国内经济发展水平也是影响制造业实际利率的关键因素。借鉴最终制造品市场一般均衡条件，投资需求与资本供给相等，本章推导得到实际利率 $r(i)$ 为资本净流入和产出水平的函数，乘积形式如下：

$$r(i) = \frac{(1-\pi)e^{\bar{r}}}{\left(\sum_{i=1}^{I}(FDI(i) - ODI(i))\right)^{\theta}Y^{\mu}} \qquad (5-16)$$

其中，θ，$\mu > 0$。将式（5-16）代入式（5-15）中，可获得每国制造业对外直接投资对行业 i 内最终制造品代表性厂商的资本—劳动比的表达式，即：

$$\frac{K_f(i)}{L_f(i)} = H\left(\sum_{i=1}^{I}(FDI(i) - ODI(i))\right)^{\theta}Y^{\mu} \qquad (5-17)$$

其中，$H = \dfrac{1-\alpha-\beta}{\beta}\dfrac{\bar{w}}{(1-\pi)e^{\bar{r}}}$。从式（5-17）可知，每国行业 i 内最终制造品厂商的资本—劳动比与总产出、资本净流入均成正比。

第三节　实证模型、变量选取与数据说明

一、实证模型设定

选取式（5-17）的对数形式，同时考虑到制造业投资存在时间累积效应，故将制造业资本—劳动比的一期滞后项纳入模型中，动态空心化实证模型设定如下：

$$\ln Kl_{it} = \eta_0 + \eta_1 \ln Kl_{it-1} + \eta_2 \ln(Fdi_{it} - Odi_{it}) + \eta_3 \ln Y_{it} + Z\vartheta + d_i + v_t + \varepsilon_{it} \quad (5-18)$$

其中，$i = 1, 2, 3\cdots, N$，$t = 1, 2, 3, \cdots, T$。Kl_{it} 表示第 t 期地区 i 的制造业资本—劳动比，衡量地区制造业"离本土化"或"离制造化"程度；Fdi_{it} - Odi_{it} 表示第 t 期地区 i 的制造业资本净流入，其中，Fdi_{it} 为制造业外商直接投资额，作为地区制造业资本输入项，Odi_{it} 为制造业对外直接投资额，作为地区制造业资本输出项；Y_{it} 表示第 t 期地区 i 的实际 GDP，衡量地区总产出；Z 表示影响地区制造业资本—劳动比的观测变量，主要包括地区人口密度、工业化水平、环境规制水平、政府支出水平和金融深化程度等因素；d_i、v_t 分别表示个体效应和时期效应；ε_{it} 为扰动项。

二、变量选取与数据来源说明

本章使用制造业资本存量与制造业就业人口数比重作为地区制造业资本—劳动比的代理变量。其中，制造业资本存量采取永续盘存法核算，计算公式为：$K_{it} = (1-\delta_{it})K_{it-1} + I_{it}$。其中，$K_{it}$ 表示第 t 年地区 i 的制造业固定资产形成总额，并取基期为 2000 年，δ_{it} 为折旧率并取常数 9.6%（张军等，2004）。地区制

造业资本净流入使用制造业实际利用外资额与对外直接投资流量之差代替，鉴于数据可获得性，本章分别使用实际利用外资、对外直接投资和制造业出口占比的乘积形式来近似表征地区制造业实际利用外资额与制造业对外直接投资流量[1]；总产出水平则使用以 CPI 平减后的 2000 年不变价表示的地区实际 GDP 代替。

在控制变量中，人口密度水平用以表示地区制造品市场需求规模，工业化水平用以表示地区制造品市场供给能力，是决定地区制造业生产规模的两个重要条件（姜爱林，2004），前者用年末总人口数占地区总面积比重表示，后者用制造业总产值占 GDP 比重表示；环境规制水平则会影响制造业的生存空间，这里用地区"三废"综合利用产品产值占 GDP 比重表示；政府支出水平和金融深化水平是保证地区制造业资本来源的两个主要渠道，分别用地区政府财政预算支出总额占 GDP 比重、地区金融机构中长期贷款余额占 GDP 比重表示。

本章选取的研究样本为 2003～2013 年中国 29 个省份或自治区[2]的面板数据，样本容量为 319。各省份制造业固定资产形成总额、制造业总产值数据分别来源于历年《中国固定资产投资统计年鉴》和《中国工业经济统计年鉴》，各省份对外直接投资流量数据来源于历年《中国对外直接投资统计公报》，各省份制造业就业人数、实际利用外商额、CPI、GDP、年末总人口数、总面积、"三废"综合利用产品产值、政府财政预算支出总额、金融机构贷款余额等数据均来源于历年《中国统计年鉴》。表 5–1 为主要变量的统计描述。

表 5–1　变量的统计描述

变量名称	符号	样本量	均值	标准差	最小值	最大值
制造业资本—劳动比	$\ln Kl$（-1）	319	11.8640	0.7072	9.4500	12.9676
制造业资本净流入	$\ln(Fdi-Odi)$	319	12.0935	2.0088	0.0000	14.9991
总产出	$\ln Y$	319	7.8243	0.9058	5.5649	9.3352
人口密度水平	Pop	319	5.4030	1.2511	2.0037	8.2167
工业化水平	Ind	319	118.8519	44.4218	31.0645	229.3539
环境规制水平	Reg	319	0.3661	0.2264	0.0243	1.1947
政府支出水平	Gov	319	19.0031	8.6467	0.0041	61.2108
金融深化水平	Fin	319	45.2545	23.3785	2.9313	137.2638

---

　　① 由于缺乏行业投资数据，这里主要参考张春萍（2012）的实证研究结论，即当前中国对主要国家的对外直接投资存在明显的出口创造效应，故选取投资总量和制造业出口占比之积来表示地区制造业投资额。

　　② 不包含西藏数据，重庆市数据并入四川省。

第四节 实证结果分析

一、全样本估计结果

由于式（5-18）解释变量包含制造业资本—劳动比的一期滞后项，故需选取动态面板估计方法。其中，由 Blundell 和 Bond（1998）提出的系统 GMM 估计方法融合了差分 GMM 和水平 GMM 估计方法的特征，既能有效避免差分 GMM 估计中可能产生的工具变量过度识别问题，也能在工具变量与扰动项不相关的基础上实现比水平 GMM 更有效率的估计。为了比较估计结果的合理性，本章同时给出了静态面板和动态面板 GMM 的估计结果。

表5-2 中回归结果明确显示，在1% 显著性水平下，混合面板（OLS）和 GMM 估计结果中的资本净流入系数显著为正，中国资本净流入每上升（下降）10% 将会引起制造业资本—劳动比上升（下降）0.0092% ~0.0101%，反映了制造业资本流动确实能通过利率传导机制对国内制造业要素投入比例产生影响。其中，在初期以"引进来"为主体的战略方针指导之下，中国凭借着包括劳动力、土地在内的廉价生产要素优势，吸引了大量加工制造业外资进入，造成了经常账户的盈余。对于资本项目顺差的出现，不仅使困扰中国制造业发展多年的资金短缺问题得以解除，同时进一步固化了低实际利率所带来的成本优势，吸引了大批民营企业资本的进入，从整体上提升了制造业生产过程中的资本—劳动比重。然而，出于优化产业结构和提升在全球价值链中分工地位的需要，近年来，中国在加快制造业对外直接投资的同时，也对制造业外资进入总量和质量进行了严格调控，制造业外资企业撤资的现象时有发生，中国资本项目顺差幅度也呈现逐年下降趋势。同时，因制造业资本供应不足而导致实际投资利率上升的压力也越发突出，形成了对国内制造业资本的挤出，也会加剧制造业空心化的危险。

然而需要指出的是，由于当前中国制造业仍然存在一定的过剩资本，中国正处于过剩产能输出阶段，利率上升所带来的大规模制造业产业链向外转移在短期内不可能完成。况且在制造业资本输出的过程中，也会相继带来劳动力的输出，中国制造业资本—劳动比受制造业"离本土化"影响不大。但是，在经历前期高速增长之后，中国经济"脱实向虚"的"离制造化"现象却相对严重，利率上升所带来的高额投资回报使众多制造业厂商纷纷将资金投入金融衍生品等虚拟经济领域，造成了制造业资本急剧萎缩和劳动力大量过剩，成为了导致中国制造业资本—劳动比下降的主要原因。总之，随着中国以制造业资本引入为主体向以制造业资本输出为主体的投资模式"切换"，国内制造业发展环境也会面临新的变化，通过实际利率上升造成制造业资本脱离自然成为了问题之一。

混合面板（OLS）、固定效应（FE）和系统 GMM 估计结果中的总收入系数在 1% 显著性水平下显著为正，中国总产出每上升 10% 将会引起制造业资本—劳动比上升 0.3293%。说明经济规模的扩张有利于增强我国制造业资本—劳动比，主要由于更大的经济规模意味着更多的资本供给，进而会造成国内实际利率下行的压力，减少制造业生产成本，引发国内制造业生产规模的扩张。在控制变量中，在 10% 显著性水平下，人口密度、工业化水平、政府支出水平、金融深化水平系数均显著为正，环境规制水平系数则显著为负，说明地区人口密度和工业化水平的上升会分别增强当地制造业的需求和生产能力，地区政府支出和金融机构贷款规模的上升则会拓展当地制造业资本来源，均有利于提升地区制造业资本—劳动比，而地区环境控制力度的加大会提高制造业的进入门槛，通过对制造业生产规模的抑制会降低地区制造业资本—劳动比。另外，在 5% 显著性水平下，GMM 估计结果中的滞后变量系数显著为正，表明我国制造业生产存在明显的时间滞后性，上期资本—劳动比上升会通过累积效应对当期资本—劳动比产生促进作用；虽然差分 GMM 和系统 GMM 估计结果均拒绝了扰动项存在二阶自相关的原假设，但 Sargan 检验表明相较于系统 GMM，差分 GMM 在估计过程中可能存在更严重的工具变量过度识别性问题。综上所述，本章选择系统 GMM 估计结果作为参照基准。

表 5 - 2　制造业空心化模型全样本估计结果

变量	静态模型			动态模型	
	OLS	FE	RE	DIF - GMM	SYS - GMM
常数项	10.9119 ***	- 18.4448 *	9.5305 ***	3.0277 ***	2.2641 ***
	(19.24)	(- 1.75)	(10.03)	(4.46)	(5.86)
lnKl（ - 1）	—	—	—	0.6243 ***	0.6384 ***
				(173.07)	(94.26)
ln（$Fdi - Odi$）	0.0935 ***	0.0213	0.0332	0.0092 ***	0.0101 ***
	(3.65)	(0.90)	(1.39)	(7.90)	(5.70)
ln$Y$	0.1751 **	2.6288 *	0.0393	0.0200	0.3293 ***
	(2.42)	(1.97)	(0.28)	(0.29)	(7.15)
Pop	0.0358	1.3953 ***	0.0900	0.2698 ***	0.0830 ***
	(0.85)	(3.95)	(1.00)	(7.17)	(2.71)

续表

变量	静态模型			动态模型	
	OLS	FE	RE	DIF – GMM	SYS – GMM
Ind	0.0056 ***	0.0082 ***	0.0081 ***	0.0017 ***	0.0011 ***
	(6.14)	(6.51)	(7.15)	(5.61)	(5.47)
Reg	−0.5525 ***	−0.5397 ***	−0.6287 ***	−0.0972 ***	−0.1568 ***
	(−3.49)	(−2.67)	(−3.32)	(−6.68)	(−7.35)
Gov	0.0342 ***	0.0465 ***	0.0455 ***	0.0054 ***	0.0092 ***
	(5.81)	(7.36)	(7.54)	(3.16)	(4.77)
Fin	0.0108 ***	0.0012	0.0059 ***	0.0004	0.0004 *
	(5.99)	(0.45)	(2.89)	(1.58)	(1.70)
AR (1)	—	—	—	−3.1611	−2.8839
AR (2)	—	—	—	−0.8197	−0.7078
Sargan χ^2 统计量	—	—	—	28.4330	25.9825
P 值	—	—	—	0.1004	0.5749
R^2	0.3051	0.4989	0.4601	—	—
样本数	319	319	319	261	290

注：括号内为 t（z）统计值，***、**、* 分别表示在 1%、5%、10% 水平上显著；所有回归中均控制省份和年份虚拟变量。

二、分类别制造业样本估计结果

本章以制造业资本—劳动比总体均值作为划分标准，当行业资本—劳动比低于总体均值时，该行业被视为劳动密集型制造业，否则为资本密集型制造业。然后，将选取的资本密集型制造业部门与联合国 SITC Rev. 3 的标准进行对照，从中抽离出技术密集型制造业部门（韩燕、钱春海，2008）。对三类制造业子样本[①]的系统 GMM 估计结果如表 5 – 3 所示。

回归结果显示，在 1% 显著性水平下，滞后变量均显著为正，说明各类制造业往期资本—劳动要素构成变化对当期资本—劳动要素构成具有相似的影响。劳动密集型、资本密集型和技术密集型制造业子样本中的资本净流入系数均显著为正，说明因制造业资本流动施加给实际利率波动的影响在各制造行业内并无差异，

---

① 其中，劳动密集型制造业包括食品制造及烟草加工业、纺织服装业和造纸印刷及文教用品制造业；资本密集型制造业包括石油加工与化学工业、非金属矿物品制造业和金属冶炼及制品业；技术密集型制造业包括机械及设备制造业和电气机械及电子通信设备制造业。

表 5 - 3　分类别制造业空心化模型系统 GMM 估计结果

变量	劳动密集型	资本密集型	技术密集型
常数项	11. 6235 ***	55. 7904 ***	- 143. 1102 ***
	(5. 05)	(24. 95)	(- 15. 70)
lnKl (- 1)	0. 9539 ***	0. 9018 ***	0. 8878 ***
	(38. 66)	(132. 18)	(167. 46)
ln（Fdi-Odi）	0. 9011 ***	0. 4373 ***	0. 2100 ***
	(4. 90)	(3. 56)	(3. 42)
ln$Y$	1. 6034 *	6. 0261 ***	3. 2765 ***
	(1. 69)	(12. 89)	(22. 23)
Pop	0. 2491 ***	0. 6427	0. 3229 ***
	(4. 02)	(1. 26)	(16. 81)
Ind	0. 0056	0. 0217 ***	0. 0031
	(1. 30)	(8. 52)	(0. 70)
Reg	- 0. 3502 ***	- 0. 7062 ***	- 0. 6193 *
	(- 4. 26)	(- 5. 41)	(- 1. 95)
Gov	0. 0718 ***	0. 2808 ***	0. 2183 ***
	(2. 92)	(18. 65)	(7. 41)
Fin	0. 0290 ***	0. 0118 ***	0. 0596 ***
	(8. 16)	(3. 60)	(8. 31)
AR (1)	- 2. 3485	- 3. 2423	- 1. 0192
AR (2)	- 0. 5476	- 0. 9354	- 1. 0021
Sargan χ^2 统计量	23. 2805	25. 7496	24. 3698
P 值	0. 2752	0. 5874	0. 6627
样本数	290	290	290

注：括号内为 z 统计值，***、**、* 分别表示在 1% 、5% 和 10% 水平下显著；所有回归中均控制省份和年份虚拟变量。

资本净流入增加（减少）均会明显提升（降低）中国三类制造业资本—劳动比。主要由于资本净流入会充实中国资本存量，降低实际利率，对于劳动密集型和资本密集型制造业而言，利率降低意味着企业能够以更低的投资成本实现边缘扩大再生产，包括购置机器设备和兴建厂房等；而对于技术密集型制造业而言，利率降低则意味着企业研发成本降低，会促使其增加研发资金投入，实现更有效率的产品技术创新以获取超额利润。这会导致各类制造业中所使用的资本规模相较于劳动力规模增长更加迅速，提升其资本—劳动比。反之，当中国制造业对外直接投资过度输出而导致资本净流入减少时，实际利率上升则会导致三类制造行业企业减少投资需求，制造业资本有可能流入具有更高收益的虚拟经济领域，各制造行业的资本—劳动比则会降低。

然而通过比较可知，劳动密集型制造业的资本净流入系数更大。说明了这样的问题，劳动密集型制造业资本形成受投资利率上升的抑制作用较大，尤其在母国因资本项目顺差减少时，由于劳动密集型制造业对投资成本具有较高的敏感性，更容易发生生产资本向虚拟经济部门的转移，从而出现资本使用规模缩减和相对劳动力过剩，资本—劳动比也会相应降低，也成为了"离制造化"现象最有可能发生的一类制造业，而对于资本密集型和技术密集型制造业而言，由于在生产过程中需要使用更多的资本要素，行业本身对实际利率的弹性较小，短期内利率上升并不会导致行业资本大规模脱离。同时，由于存在大量专用资产的前期投入，也降低了其对投资成本的敏感性，使行业资本向虚拟经济部门转移规模有限。

另外，在1%显著性水平下，资本密集型和技术密集型制造业子样本中的总产出系数均显著为正，表明中国经济总量增长所带来的实际利率的下降，促进了这两类制造业使用更多的资本要素来替代劳动力等其他生产要素。在控制变量中，在10%显著性水平下，环境规制水平、政府支出水平、金融深化水平系数均较为显著，且符号与预期一致。各类制造业估计结果均拒绝了扰动项存在二阶自相关的原假设，Sargan 检验也表明系统 GMM 估计不存在工具变量过度识别问题。

三、分地区制造业样本估计结果

基于地区异质性的考量，本章以省份所处经济地带为划分标准，将总样本划分为东部地区、中部地区和西部地区三组。三大地区子样本的系统 GMM 估计结果如表 5 – 4 所示。

表 5 – 4 分地区制造业空心化模型系统 GMM 估计结果

变量	东部地区	中部地区	西部地区
常数项	1. 4256	3. 0653	8. 2931
	(0. 72)	(0. 07)	(1. 65)
$\ln Kl\ (-1)$	0. 5959 ***	0. 7701 ***	0. 6315 ***
	(16. 01)	(15. 72)	(27. 53)
$\ln\ (Fdi - Odi)$	0. 0339 *	0. 1860 ***	0. 2200 ***
	(1. 78)	(6. 45)	(4. 08)

续表

变量	东部地区	中部地区	西部地区
ln$Y$	0.1145 ***	0.0884 **	0.1569 **
	(2.50)	(2.19)	(2.31)
Pop	0.3248 ***	0.2516 **	0.6287 ***
	(4.20)	(2.04)	(2.95)
Ind	0.0010 ***	0.0026 **	0.0081
	(2.61)	(2.49)	(0.14)
Reg	−0.2582 *	−0.0905	−0.1204
	(−1.84)	(−1.12)	(−0.94)
Gov	0.0091 *	0.0048	0.0030
	(1.91)	(0.05)	(0.74)
Fin	0.0013 **	0.0014	0.0011
	(2.00)	(0.31)	(1.60)
AR（1）	−1.8049	−2.8516	−0.8433
AR（2）	−0.3638	−0.7955	−0.4850
Sargan χ^2 统计量	9.8534	7.1136	6.9217
P 值	0.9998	0.9727	1.0000
样本数	128	62	100

注：括号内为 z 统计值，***、**、* 分别表示在 1%、5% 和 10% 水平下显著；所有回归中均控制省份和年份虚拟变量。

　　由观察可知，在 1% 显著性水平下，各地区滞后变量均显著为正，说明各地区制造业资本—劳动比存在正向时期累积效应。虽然东部地区、中部地区和西部地区子样本中的资本净流入系数均为正，但后两者更加显著，说明中西部地区制造业资本—劳动比受资本净流入的影响更明显，资本净流入增加（减少）将会提高（降低）中西部地区制造业资本—劳动比。这个结论不难理解，中西部仍处于工业化进程中，投资规模扩张仍然作为其制造业发展过程中的重要目标，再加上"西部大开发"和"中部崛起"等国家战略引导，这就使当资本净流入增加时，利率下降会使得中西部地区更倾向也更易于获得制造业资本，并最终提高其资本—劳动比。至于东部地区，由于率先实现了工业化，传统制造业市场已接近饱和以及环境承载能力已达上限等诸多原因，该地区制造业发展目标也有重"量"向重"质"转变，而高端制造业由于具备较高的预期回报，受利率波动影响相对较小，成为了东部地区制造业对资本净流入反应迟缓的重要原因之一。

同时，当出现制造业对外直接投资增加而导致资本净流入减少的情形时，实际利率上升会使中西部制造业发展面临更显著的资金瓶颈，"离制造化"更容易发生。主要原因是，在区域赶超的背景下，中西部地区为了加快提升其工业化水平，更容易采取低成本、单一化的制造业生产结构，形成了对资本等生产要素较强的依赖性。这种粗放型的制造业发展方式也存在潜在风险，尤其随着资本净流入而导致的实际利率上升，中西部地区的制造业生产的成本优势也将因此被削弱，资本更容易从制造业部门脱离而流向获利能力更强的虚拟经济领域，而对于东部地区而言，凭借制造业多元化发展战略，传统加工制造业和新兴制造业均得到了有效的发展，制造业结构呈现多层次状态，虽然实际利率的上升也影响了东部地区的成本优势，但技术竞争优势显现在一定程度上弥补了这一不利影响，现代制造业的率先发展则促进了资本从虚拟经济向制造业的回流，有效地缓解了东部地区的"离制造化"。

另外，三大地区子样本的总产量系数在5%显著性水平下显著为正，表明受益于近年来经济增长的"红利"，东部地区在率先发展过程中积累了坚实的工业基础，而中西部地区则在国家政策位差的优势条件下，实现了工业水平的快速提升，中国各地区资本供给总量都有相似的增长，并通过实际利率传导机制提升了各地区的资本—劳动比。在控制变量中，在5%显著性水平下，人口密度系数显著为正。当然，估计结果也通过了二阶自相关检验和Sargan检验。

四、稳健性检验

1. 中国制造业空心化效应的阶段性检验

自2008年金融危机以后，中国对外开放战略目标发生了重要转变，由过去贸易和资本"双顺差"的数量目标升级为当前开放和国内结构优化并举的质量目标，同时随着中国经济进入稳定增长的"新常态"阶段，制造业对外直接投资规模也呈现加速扩张态势，这会对中国当前的资本项目产生重要影响。因此，考虑到样本数据的稳定性，将2008年全球金融危机作为分界点，分别检验2003~2008年和2009~2013年两个样本期间中国资本项目的制造业空心化效应。

如表5-5所示，在5%显著性水平上，2003~2008年和2009~2013年的资本净流入系数分别为0.0147、0.0120，且前者较为显著。说明中国资本净流入对制造业资本—劳动比的影响在各阶段也有所不同，在金融危机之前，中国资本净流入增加（减少），同时会相应提高（降低）制造业资本—劳动比，而在金融危机之后，这一效应并不明显。众所周知，金融危机之前的中国通过大力引进外资的方式承接了国际加工制造业的转移，除了包括廉价劳动力等初始要素禀赋因素以外，长期以来的资本项目顺差构成了低实际利率的重要原因，并进一步吸引大量国内资本流向制造业领域，对于提升制造业资本—劳动比起到了重要作用。而在金融危机之后，在经济转型的政策背景下，中国制造业资本流动结构变得更加合理。其中，资本输出成为中国转移过剩产能和传统制造业生产链的主要方式，而外资进入则更偏向于现代制造业，这也在一定程度上促进了中国资本项目的再平衡。实际利率波动逐渐趋缓，对国内制造业资本—劳动比的影响也变得不太明朗。

表5-5　中国制造业空心化的阶段性检验结果

变量	样本阶段：2003~2008 年	样本阶段：2009~2013 年
常数项	2.0381 ***	18.9054 ***
	(2.74)	(3.90)
$\ln Kl$ (-1)	0.5870 ***	0.2117 ***
	(41.48)	(26.70)
$\ln$ (Fdi - Odi)	0.0147 **	0.0120
	(2.19)	(1.54)
$\ln Y$	0.6054 ***	0.4101 ***
	(3.66)	(2.99)
Pop	0.3855 **	0.1427
	(2.13)	(1.07)
Ind	0.0025	0.0046
	(0.48)	(1.33)
Reg	-0.0965 ***	-0.0880 ***
	(-3.48)	(-3.30)
Gov	0.0158 ***	0.0092 ***
	(3.34)	(2.50)
Fin	0.0023 ***	0.0031 ***
	(4.26)	(4.41)
AR (1)	-2.1089	-0.9691
AR (2)	-1.1459	-0.5523
Sargan χ^2 统计量	20.7394	3.3716
P 值	0.0545	0.4984
样本数	174	116

注：括号内为 z 统计值，***、**、* 分别表示在 1%、5% 和 10% 水平上显著；所有回归中均控制省份和年份虚拟变量。

同时与本章预期一致，变量 lnY、lnKl（-1）在1%显著性水平下均显著为正，说明金融危机前后中国制造业资本—劳动比既受前期积累的影响，也与当前中国经济规模密切相关。在控制变量中，环境规制水平、政府支出水平和金融深化水平系数在1%显著性水平下均较为显著。

2. 中国制造业"效率空心化"的稳健性检验

作为空心化的间接测度指标，资本—劳动比的变化仅能反映制造业的相对投资规模的变化，而未能考虑制造业技术效率的变化。可能的情形是，虽然制造业相对投资规模缩小，但由于技术效率的提升，制造业生产能力反而有所增强，专业化分工的比较优势仍可维持。据此，参照吴海民（2012）的"效率空心化"度量方法，采用剔除规模因素之后的制造业纯技术效率作为代理指标。为获得这个数据，本章分别选取中国制造业工业企业总产值作为产出指标和制造业资本存量、制造业就业人数作为投入指标，并使用数据包络分析法（DEA）核算2003~2013年中国制造业纯技术效率的省际面板值。在此基础上，对以"效率空心化"指标作为被解释变量的空心化模型（5-18）进行估计，结果如表5-6所示。

表5-6　中国制造业"效率空心化"的稳健性检验结果

变量	静态模型			动态模型	
	OLS	FE	RE	DIF-GMM	SYS-GMM
常数项	-0.6470***	-0.3147	-0.8164***	-2.5336***	0.8802***
	(-4.42)	(-0.13)	(-3.32)	(-6.47)	(4.61)
lnKl（-1）	—	—	—	0.8293***	0.9157***
				(32.39)	(30.58)
ln（Fdi-Odi）	0.0184***	0.0133**	0.0135**	0.0040**	0.0051**
	(2.68)	(2.27)	(2.47)	(2.13)	(2.05)
lnY	0.0883***	0.1781	0.1040***	0.3000***	0.0780***
	(4.69)	(0.57)	(2.84)	(5.98)	(2.88)
Pop	0.0351***	0.1881**	0.0156	0.0432*	0.0629***
	(3.28)	(2.27)	(0.65)	(1.85)	(6.98)
Ind	0.0013***	0.0035***	0.0023***	0.0046***	0.0012***
	(6.02)	(9.61)	(9.62)	(5.11)	(8.60)
Reg	-0.1797***	-0.0701	-0.0966**	-0.0705***	-0.0726***
	(-4.38)	(-1.47)	(-2.16)	(-3.89)	(-4.66)
Gov	0.0042**	0.0053***	0.0051***	0.0018*	0.0021***
	(2.51)	(3.66)	(3.60)	(1.67)	(4.34)

变量	静态模型			动态模型	
	OLS	FE	RE	DIF – GMM	SYS – GMM
Fin	0.0011 **	0.0014	0.0019 **	0.0003	0.0001
	(2.03)	(1.50)	(2.35)	(0.23)	(1.63)
AR（1）	—	—	—	– 3.7502	– 3.9328
AR（2）	—	—	—	– 0.5694	– 1.3410
Sargan χ^2 统计量	—	—	—	25.7773	24.6537
P 值	—	—	—	0.1732	0.6469
R^2	0.5114	0.4381	0.4238	—	—
样本数	319	319	319	261	290

注：括号内为 t（z）统计值，***、**、* 分别表示在 1%、5% 和 10% 水平上显著；所有回归中均控制省份和年份虚拟变量。

通过比较发现，在 5% 显著性水平下，资本净流入和总产出系数和符号并未出现较大变化，说明制造业资本净流入的增加和经济规模的扩张均能促进中国制造业资源使用效率的提升，降低"离制造化"程度，这和本章制造业资本—劳动比上升的结论是一致的；滞后变量系数显著为正，验证了本章制造业投资的时间累积效应的存在。在控制变量中，在 10% 显著性水平下，人口密度水平、工业化水平、政府支出水平和环境规制水平系数较为显著，且符号也均与预期一致。

第五节　小结

在经历了"赶超式"增长之后，中国成为全球制造业资本输出国中的"后起之秀"。如果说前期中国制造业的发展主要受益于低利率、低要素成本的"红利"，那么随着中国制造业对外直接投资迅速增加，资本供给可能由盈余变成紧缺，中国制造业发展中所一贯秉持的成本优势将会面临巨大的挑战，大范围的制造业资本脱离也不无可能。根据资本流向的差异，最终会产生不同类型的制造业空心化问题。针对这一现实，本章在推导含资本要素的动态制造业空心化模型基础上，以 2003～2013 年中国省际面板数据作为研究样本，佐证了制造业对外直接投资的空心化效应的发生机制，在一定程度上回答了本章开篇的三个问题：

第一，对外直接投资会造成中国制造业资本存量的缩减，并通过实际利率上升抑制国内制造业资本形成。

第二，由于中国正处于制造业剩余资本的"消化期"，制造业对外直接投资短期内会有助于中国过剩产能的输出，对中国制造业整体生产转移影响十分有限，"离本土化"效应暂时不会出现。但是，资本项目顺差减少会造成制造业利率上升，从而引致更多制造业资本流向虚拟经济领域，使"离制造化"现象反而更加显著。

第三，在"离制造化"的背景下，中国制造业资本—劳动比有下降的趋势，但是在不同行业和不同地区有不同表现。其中，劳动密集型制造业和中西部地区"离制造化"问题需要引起警示。

第六章　中国对外直接投资的承接
国际产业转移效应分析

第一节　问题提出

雁行形态理论、边际产业扩张理论等经典国际产业转移理论在论述国际产业转移的一般规律时，间接地突出了产业承接国的重要地位。由于引进和利用外商直接投资被视为承接国际产业转移的主要途径，后续实证研究主要从承接国区位因素层面讨论对利用外资的影响（Coughlin 等，1991；Cheng 和 Kwan，2000；Bevan 和 Estrin，2004；王剑、徐康宁，2004）。然而，上述研究多将承接国对外直接投资因素作为外生变量，从而忽视了对外直接投资和利用外资之间的关联性。事实上，对外直接投资对母国产业结构的影响已经为诸多文献所证实（Kleinert，2003；Tang 等，2015；汪琪，2004；张宏、赵佳颖，2008），其中既包括对外直接投资所带来的劣势产业资本输出功能，也包括对外直接投资的逆向技术溢出功能等。那么，对外直接投资是否能作为影响产业承接国利用外资的区位因素之一呢？但关于两者内在联系的实证研究并不多见。特别是动机异质性存在的情形下，对外直接投资不仅可能改变母国产业发展中的诸如技术、资源等要素禀赋特征，也可能会通过结构调整进一步对其承接国际产业转移的比较优势产生影响。

基于以上考虑，本章试图回答以下两个问题：在产业资本自由流动的条件下，各类动机对外直接投资是否会对母国承接国际产业转移产生影响？同时，随着行业类型和地理区位的差异，这一影响表现为促进还是抑制？为此，本章选取制造业作为研究对象，在分析多元化动机对外直接投资影响母国承接国际制造业转移的结构传导机制基础上，构建了一个动态模型，并运用 2003～2013 年中国省际面板数据，系统检验对外直接投资对中国承接国际制造业转移的影响路径。

第二节　机制说明与实证模型设计

一、机制说明

一般而言，结构调整是制造业发展模式转变的外在表征，这一过程往往也随着比较优势的动态转变，构成了母国承接国际制造业转移规模和结构变化的基础。在开放经济条件下，对外直接投资是影响母国制造业结构调整的重要外部力量，且各类动机对外直接投资影响母国承接国际制造业转移的结构传导机制也会存在差异。故参照 Dunning（2009）的分类标准，将对外直接投资动机具体区分为资源搜寻、效率搜寻、市场搜寻和技术搜寻四种类型以分析对外直接投资对母国承接国际制造业转移的具体影响路径。如图 6-1 所示，各类动机对外直接投资的结构传导效应具有正反两面性，这就决定了对外直接投资对母国承接国家制造业转移的影响不一而足，需要分别加以论述。其中，负向效应用虚线标示。

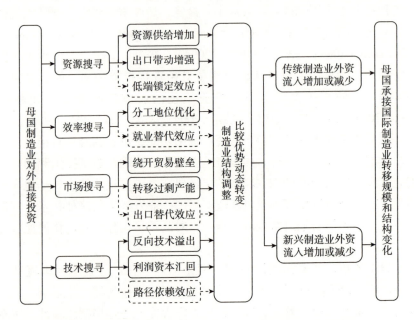

图 6-1　对外直接投资的承接国际产业转移效应发生机制

资料来源：笔者绘制。

1. 对于资源搜寻型对外直接投资

是指当母国制造业发展面临资源约束瓶颈时所采取对要素禀赋较好的东道国进行投资以获取丰富生产性资源为主要动机的投资类型。

（1）通过资源供给增加和出口带动增强两种途径能促进母国制造业结构升级。资源搜寻型对外直接投资能拓宽对母国新兴制造业发展所需资源供给来源，打破资源短缺的"魔咒"，避免传统制造业和新兴制造业在要素使用上过度竞争的局面，优化资源配置，促进制造业结构升级；资源搜寻型对外直接投资也能增加对上游国内资源开采设备制造业以及下游相关中间制成品制造业的有效需求，出口增加也会相继带来这些制造业发展，促进制造业结构升级。

（2）通过低端锁定效应则会抑制母国制造业结构升级。资源搜寻型对外直接投资也会解除母国传统制造业的资源约束，强化粗放型、低附加值的传统制造业固有优势，造成母国结构升级动力不足和低端分工地位锁定等问题。

2. 对于效率搜寻型对外直接投资

是指当母国制造业发展面临工资上涨等生产投入增加时所采取的对劳动力成本相对低廉的东道国进行投资以提升生产效率为主要动机的投资类型。

（1）通过生产成本降低途径能促进母国制造业结构升级。效率搜寻型对外直接投资可使母国将制造业加工环节外包给劳动力和土地使用成本更低的东道国，自身则进行更具优势环节的生产，分工地位的优化能显著降低母国制造业生产的投入成本，提升生产效率，使制造业结构升级成为可能。

（2）通过就业替代效应则会抑制母国制造业结构升级。效率搜寻型对外直接投资在将劳动密集型环节的生产性资本过快转移至他国的过程中，也可能会因加工环节用工需求下降而产生部分剩余劳动力，而出于生产技能的限制，这批剩余劳动力往往又无法被高端生产环节及时吸纳，从而导致制造业结构性失业，延缓制造业升级进程。

3. 对于市场搜寻型对外直接投资

是指当母国制造业发展面临国内有效市场需求不足时所采取的对收入水平较高和市场潜力较大的东道国进行投资以就近供给国外市场为主要动机的投资类型。

（1）通过绕开贸易壁垒和转移过剩产能两种途径能促进母国制造业结构升级。出于国内市场的保护，各国均存在广泛的非关税壁垒和其他贸易保护主义，母国利用市场搜寻型对外直接投资在东道国直接投资建厂以就近生产和销售及绕过贸易壁垒，提高母国制造业生产对国际市场需求的灵敏度，优化生产资源配置，实现制造业结构升级；此外，传统制造业产能过剩是母国结构调整的主要障碍，母国利用市场搜寻型对外直接投资将传统制造业的过剩产能转移至海外的同时，自身则可集中有限的资源和空间，发展新兴制造业，实现制造业发展的"吐旧纳新"和结构升级。

（2）通过出口替代效应会抑制母国制造业结构升级。市场搜寻型对外直接投资也会降低东道国对母国各类制造业出口产品的需求，导致母国制造业全球市场份额下降，短期内会造成母国制造业生产效率降低和投资规模萎缩，不利于其结构升级。

4. 对于技术搜寻型对外直接投资

是指当母国制造业发展面临难以突破的技术瓶颈以及研发资源相对短缺而导致的技术升级受阻时所采取对技术优势明显的东道国进行投资以捕获前沿技术为主要动机的投资类型。

（1）通过反向技术溢出和利润资本汇回两种途径能促进母国制造业结构升级。在对技术优势明显国家投资过程中，母国跨国企业利用技术搜寻型对外直接投资充分与当地企业进行合作与竞争，发挥"学习效应"，最直接获取包括生产技术、品牌、销售和管理理念在内的核心技术，并将技术反馈至国内加以改造和利用，改善制造业投入产出比以实现结构升级；此外，技术密集型制造业具有高额利润回报，母国跨国企业利用技术搜寻型对外直接投资将海外利润以资本的形式反馈至国内，将会充实母国企业的研发资金，激励企业加强自主研发和技术创新，推动新兴制造业加快成长以实现结构升级。

（2）通过路径依赖效应则会抑制母国制造业结构升级。技术搜寻型对外直接投资也可能会使母国企业过分依赖于对东道国现成技术的学习和模仿，而弱化对自主研发的投入，造成对外来技术来源渠道的路径依赖，从而削弱母国制造业结构升级的先发优势。

就正向结构传导机制而言，多元化动机对外直接投资所引致的制造业结构升级体现的是母国比较优势的动态上升，并会形成母国对承接国际制造业转移的"自选择机制"。具体来看，随着母国制造业发展模式由传统要素驱动向高级要素驱动转变，母国会采取相应的政策措施，提高传统制造业外资的进入门槛，而适当放宽新兴制造业外资的进入条件，从而加快外资向母国新兴制造业领域集聚，由集聚效应而产生的外部性和路径依赖将会吸引更多新兴制造业外资的流入。在此基础上，母国承接国际制造业转移规模扩张和结构优化，在全球制造业分工中的地位也能得到提升。然而仍需注意的是，各类动机对外直接投资的负向结构传导机制也会对母国承接国际制造业转移起到反向抵消的作用。

二、实证模型设计

本章借鉴 Chen（1996）的研究思路，在考虑市场潜力、资源禀赋、工资水平和技术水平对母国承接国际制造业转移的影响基础上，进一步将对外直接投资作为主要变量纳入模型中。同时，为了尽可能避免模型估计过程中的异方差问题，本章对主要变量均取对数处理，基准模型设定如下：

$$\ln Fdi_{ikt} = \alpha_0 + \alpha_1 \ln Fdi_{ikt-1} + \alpha_2 \ln Odi_{ikt} + \alpha_3 \ln Market_{ikt} + \alpha_4 \ln Resour_{ikt} +$$
$$\alpha_5 \ln Labor_{ikt} + \alpha_6 \ln Tech_{ikt} + Z\lambda + u_i + w_k v_t + \varepsilon_{ikt} \tag{6-1}$$

其中，i 代表地区，k 代表制造行业，t 代表年份，且 $i = 1, 2, 3, \cdots, N$；$k = 1, 2, 3, \cdots, K$；$t = 1, 2, 3, \cdots, T$。Fdi_{ikt} 表示第 t 年里 i 地区承接国际 k 制造业转移规模。Odi_{ikt} 表示第 t 年里 i 地区的 k 制造业对外直接投资规模；$Market_{ikt}$ 表示第 t 年里 i 地区的 k 制造业市场潜力；$Resour_{ikt}$ 表示第 t 年里 i 地区 k 制造业生产的资源禀赋条件；$Labor_{ikt}$ 表示第 t 年里 i 地区 k 制造业生产的劳动力投入成本；$Tech_{ikt}$ 表示第 t 年里 i 地区 k 制造业技术水平。Z 表示第 t 年里影响 i 地区承接国际 k 制造业转移规模的观测变量，主要包括地区开放程度、政府干预程度、行业基础设施状况等因素。α_i 表示各解释变量的待估系数，u_i、w_k、v_t 分别表示不随地区、制造行业和时间变化的固定效应，ε_{ikt} 为随机扰动项。另外，由于母国对转入的制造业资本存在一定的适应期和消化期，会造成母国承接国际制造业转移规模呈现动态变化特征，故本章在式（6-1）中引入被解释变量的一期滞后项，构建动态模型。

同时，为了获得多元化动机对外直接投资对地区承接国际制造业转移的影响，本章借鉴 Xu 和 Sheng（2012）的处理方法，在基准模型式（6-1）的基础上，分别引入市场潜力、资源禀赋、工资水平、技术水平与制造业对外直接投资规模的交互项。拓展模型设定如下：

$$\ln Fdi_{ikt} = \beta_0 + \beta_1 \ln Fdi_{ikt-1} + \beta_2 \ln Odi_{ikt} + \beta_3 \ln Market_{ikt} + \beta_4 \ln Resour_{ikt} +$$
$$\beta_5 \ln Labor_{ikt} + \beta_6 \ln Tech_{ikt} + \beta_7 \ln Odi_{ikt} \times \ln Market_{ikt} + \beta_8 \ln Odi_{ikt} \times$$
$$\ln Resour_{ikt} + \beta_9 \ln Odi_{ikt} \times \ln Labor_{ikt} + \beta_{10} \ln Odi_{ikt} \times \ln Tech_{ikt} +$$
$$Z\lambda + u_i + w_k + v_t + \varepsilon_{ikt} \tag{6-2}$$

其中，交互项依次表示为市场潜力、资源禀赋、工资水平、技术水平分别通过制造业对外直接投资规模对地区承接国际制造业转移的影响。根据本章定义，市场饱和、资源短缺、工资上涨和技术升级受阻分别作为地区制造业对外直接投资背后市场搜寻、资源搜寻、效率搜寻和技术搜寻动机的主要成因，并考虑各类动机对外直接投资通过结构传导机制对地区承接国际制造业转移所产生的影响。

第三节　变量说明与实证结果分析

一、变量描述与数据来源说明

1. 承接国际制造业转移规模

以跨国公司为主体的跨国资本转移被视为国际制造业产业链转移的主要媒介，因此，地区承接国际制造业转移规模通常反映在利用制造业外资规模上。鉴于数据的可获得性，本章将用实际利用外资总额与制造业对经济增长的贡献度①的乘积来表示该省份制造业实际利用外资额。计算公式为：

$$Fdi_{ikt} = Fdi_{it} \times R_{ikt}$$

其中，Fdi_{it} 表示第 t 年里 i 省份实际利用外资总额，R_{ikt} 表示第 t 年里制造业发展对 i 省份经济增长的贡献度，即：$R_{ikt} = (Gdp_{ikt}/Gdp_{it}) \times 100\%$。这里 Gdp_{ikt}、Gdp_{it} 分别表示第 t 年里 i 省份 k 制造业增加值和经济总量增加值。

2. 制造业对外直接投资规模

由于存量比流量更能反映地区制造业对外直接投资的真实规模，且为了保证与被解释变量统计口径的一致性，故选取制造业对外直接投资存量作为中国各省份制造业对外直接投资规模的代理指标。同样地，鉴于数据的可获得性，本章使用对外直接投资总存量与制造业对经济增长的贡献度的乘积形式作为该省份制造业对外直接投资存量的代理指标，计算公式同上。

3. 市场潜力

市场潜力作为地区吸引制造业跨国公司进入投资的重要条件，与其承接国际制造业转移规模存在正相关性。制造业市场潜力又是由地区收入水平决定的，收入水平越高，意味着地区对制造业产品更大的消费和投资需求。故本章使用 CPI 平减为 2000 年不变价表示的实际人均 GDP 作为各省份制造业市场潜力的代理指标。

4. 资源禀赋

资源禀赋条件越好意味着制造业投资和生产成本越低，与地区承接国际制造业转移规模越存在正相关性。由于地区生产性资源投入一般能通过资本的物化形式反映出来，故本章使用物质资本存量作为各省份制造业资源禀赋的代理指标

---

① 贡献度能反映制造业产值增加对各省份经济增长的作用，能在一定程度上表示各省实际利用外资总额中的制造业份额。

（蔡昉、王德文，2009）。资本存量采用永续盘存法核算，计算公式为：

$$K_{ikt} = (1 - \delta_{ikt}) K_{ikt-1} + I_{ikt}$$

其中，K_{ikt} 表示第 t 年里 i 省份 k 制造业资本存量，这里取基期为 2000 年；I_{ikt} 表示第 t 年里 i 省份 k 制造业的固定资产形成总额，为通过固定资产投资价格指数平减后的实际值；δ_{ikt} 表示折旧率并取常数为 9.6%（张军等，2004）。

5. 工资水平

工资水平用以衡量地区劳动力使用成本。在其他条件不变的情况下，工资水平越高的地区对制造业跨国公司的吸引力越小，预期符号为负。本章使用在岗职工平均工资作为各省份制造业工资水平的代理指标。

6. 技术水平

国际制造业转移同时也会产生技术跨国流动，而地区技术水平越高，对制造业跨国公司生产技术的吸收能力越好，在承接国际制造业转移上更具优势，预期符号为正。由于专利授权量能较好地衡量地区制造业企业技术创新能力，故本章将其作为各省份制造业技术水平的代理指标。

7. 控制变量

地区开放程度用各省份进出口贸易总额与 GDP 的比值表示，取对数后记为 lnOpenes，用来控制对外开放程度因素对地区承接国际制造业转移规模的影响，预期符号为正。政府干预程度用各省份财政一般预算内支出与 GDP 的比值表示，取对数后记为 lnGov，用来控制政府干预程度对地区承接国际制造业转移规模的影响，预期符号不确定。郑迎飞、陈宏民（2006）认为，政府可以通过宏观调控手段来规制外资并购行为，政府干预程度与地区承接国际制造业转移规模负相关；与之相反，莫晓芳、宋德勇（2007）则认为，政府通过税收干预能显著减少外资企业的税负，结果显示两者正相关。行业基础设施状况用各省份人均道路面积表示，取对数后记为 lnAsset，用来控制以省内运输便利性为主的基础设施状况对地区承接国际制造业转移规模的影响，预期符号为正。

本章选取的研究样本为 2003～2013 年中国 29 个省份的面板数据，样本容量为 319。各省份制造业固定资产形成总额、制造业增加值数据分别来源于历年《中国固定资产投资统计年鉴》和《中国工业经济统计年鉴》，各省份对外直接投资存量数据来源于历年《中国对外直接投资统计公报》，各省份实际利用外资额、GDP、人均 GDP、CPI、固定资产投资价格指数、在岗职工平均工资、专利授权量、进出口贸易总额、财政一般预算内支出、人均道路面积等数据均来源于历年《中国统计年鉴》。表 6-1 为主要变量的统计描述。

表 6 - 1　主要变量的统计描述

变量名称	符号	样本量	均值	标准差	最小值	最大值
实际利用外资（万美元）	$\ln Fdi$	319	11.7985	1.8490	6.8459	15.4367
对外直接投资规模（万美元）	$\ln Odi$	319	9.7755	2.6557	0.6931	15.2160
市场潜力（万元）	$\ln Market$	319	-0.2417	0.5377	-1.2983	1.1534
资源禀赋（万元）	$\ln Resour$	319	7.0943	1.1535	3.9122	9.6188
工资水平（万元）	$\ln Labor$	319	0.9804	0.4910	0.0392	2.2403
技术水平（项）	$\ln Tech$	319	8.5214	1.7265	3.4657	12.5060
开放程度（%）	$\ln Openes$	319	2.9860	1.0260	1.2726	5.1805
政府干预程度（%）	$\ln Gov$	319	2.8712	0.4023	2.0386	4.1143
基础设施状况（平方米）	$\ln Asset$	319	2.1556	0.3581	0.6206	2.8753

二、实证结果分析

1. 全样本估计结果

考虑到 GMM 作为处理动态面板模型的一般方法，能很好地规避因内生性问题而导致的估计结果偏差。为了便于比较估计结果的合理性，本章同时给出了静态面板 OLS 和动态面板 GMM 的估计结果。结果如表 6 - 2 所示。

表 6 - 2　基准模型与拓展模型的全样本估计结果

变量	静态模型		动态模型			
	OLS	OLS	DIF - GMM	DIF - GMM	SYS - GMM	SYS - GMM
常数项	11.1886 ***	12.8324 ***	9.6152 ***	8.0902 ***	13.7184 ***	14.1587 ***
	(10.28)	(8.75)	(5.77)	(3.30)	(6.16)	(4.51)
$\ln Fdi$（ -1）	—	—	0.0514 **	0.0235 **	0.1533 ***	0.0839 **
			(2.01)	(2.07)	(3.92)	(2.51)
$\ln Odi$	0.2994 ***	0.2829 ***	0.5079 **	0.2259 *	0.6076 ***	0.4108 ***
	(8.58)	(5.58)	(2.05)	(1.78)	(3.43)	(4.64)
$\ln Market$	0.5519 ***	0.9101 ***	0.3854 ***	0.4934 ***	0.8937 ***	0.6503 ***
	(3.48)	(4.22)	(2.72)	(5.22)	(3.07)	(2.42)
$\ln Resour$	0.2734 ***	0.4266 **	0.1061 ***	0.1635 **	0.3391 ***	0.4762 **
	(3.30)	(2.50)	(2.80)	(2.46)	(2.68)	(2.13)

续表

变量	静态模型		动态模型			
	OLS	OLS	DIF – GMM	DIF – GMM	SYS – GMM	SYS – GMM
ln$Labor$	− 0.6531 ***	− 0.4106 ***	− 0.6920 ***	− 0.8049 ***	− 0.2612 ***	− 0.3764 ***
	(− 3.26)	(− 3.22)	(− 3.50)	(− 3.29)	(− 3.18)	(− 3.41)
ln$Tech$	0.0975 *	0.1329 *	0.1540 *	0.2939 *	0.1723 **	0.1886 **
	(1.80)	(1.78)	(1.84)	(1.98)	(2.07)	(2.08)
ln$Openes$	0.2008 **	0.1565 *	0.3401 ***	0.1650	0.3797 **	0.3389 ***
	(2.51)	(1.86)	(4.02)	(1.60)	(2.13)	(2.82)
lnGov	− 1.6174 ***	− 1.4769 ***	− 1.3140 ***	− 1.9979 **	− 1.9342 ***	− 1.4897 **
	(− 6.96)	(− 6.24)	(− 3.40)	(− 2.42)	(− 4.63)	(− 2.46)
ln$Asset$	0.1628	0.2911 *	0.1199 ***	0.1052	0.4022 ***	0.3354 **
	(1.06)	(1.79)	(3.77)	(0.82)	(5.82)	(2.58)
lnOdi * ln$Market$	—	0.1345 ***	—	0.1071 ***	—	0.1706 ***
		(3.17)		(3.18)		(3.22)
lnOdi * ln$Resour$	—	0.0081 **	—	0.0013 **	—	0.0037 **
		(2.29)		(2.29)		(2.15)
lnOdi * ln$Labor$	—	0.0561 **	—	0.0543 ***	—	0.0583 **
		(2.21)		(2.62)		(2.09)
lnOdi * ln$Tech$	—	0.0226 **	—	0.0580 ***	—	0.0252 **
		(2.09)		(3.51)		(2.09)
AR (1)	—	—	− 1.5136	− 1.0703	− 1.6105	− 1.1856
AR (2)	—	—	− 1.1014	− 1.2096	− 0.9965	− 1.3080
Sargan χ^2 统计量	—	—	23.0887	18.8907	25.5828	20.9429
P 值	—	—	0.9961	0.9997	0.9995	1.0000
R^2	0.8586	0.8617				
样本数	319	319	261	261	290	290

注：括号内为 t（z）统计值，***、**、*分别表示在1%、5%、10%水平下显著；所有回归中均控制省份和年份虚拟变量。

观察可知，在10%显著性水平下，对外直接投资规模系数显著为正，对外直接投资规模每上升10%将会引起中国利用制造业外资规模上升2.259% ~ 6.076%，中国对外直接投资与承接国际制造业转移规模呈正向关系。虽然中国对外直接投资仍处于起步阶段，但得益于前期经济高速增长所积累的盈余资本，增长潜力巨大，这也使近年来中国制造业对外直接投资和利用外资之间的绝对规模差距有所缩小，进而促进了制造业资本内外流动的平衡体系的形成（徐忠等，2013）。与此同时，随着经济转型深入发展，中国制造业对外直接投资的结构优化目标也更加明确，并能根据投资国条件的差异而采取恰当的投资方式，通过对外直接投资能有效地促进国内经济要素结构优化，为大规模吸引制造业外资进入提供了可能性。

在10%显著性水平下，市场潜力、资源禀赋和技术水平系数均显著为正，工资水平系数均显著为负，反映了市场潜力、资源禀赋和技术条件的改善有利于中国承接更大规模的制造业转移，而工资水平上升反而会对中国承接国际制造业转移产生抑制。事实上，随着中国人均 GDP 已达到中上等收入国家水平，对制造品的消费性需求和投资性需求也与日俱增，是中国能吸引国际制造业资本流入的主要原因。同时中国本身具备较好的能源矿产等自然资源禀赋和人力资本等社会资源禀赋，提高了制造业生产效率，构成了中国承接国际制造业转移的优势条件。经过长期的"市场换技术"的引资战略，中国制造业具备了一定自主研发能力，这也使国内制造业企业有能力开展与大型跨国企业的技术合作，为进一步承接高端制造业提供了良好基础。然而，由劳动力供需失衡而导致的工资上升使制造业外资企业在中国生产的成本优势逐渐丧失，撤资现象时有发生，反而会对中国承接国际制造业转移产生不利影响。

然而，在拓展模型估计结果中，市场潜力与对外直接投资的交互项系数在1%显著性水平下显著为正，说明市场潜力通过对外直接投资对中国承接国际制造业转移规模存在间接正向影响。由于前期高度依赖投资驱动的经济增长方式，中国制造业部门的产能过剩现象十分突出；同时，在金融危机之后，全球贸易保护主义滋生，造成了对中国制造业出口的极大挑战。中国通过采取市场搜寻型对外直接投资来拓宽国外市场，通过过剩产能输出和资源优化配置加快了国内制造业结构调整（刘海云、聂飞，2015），并相应提升了中国承接国际制造业层级和规模。资源禀赋与对外直接投资的交互项系数在5%显著性水平下显著为正，说明资源禀赋通过对外直接投资对中国承接国际制造业转移规模存在间接正向影响。由于制造业粗放型发展对存量自然资源的过度消耗，中国通过加快对新兴发展中国家的资源搜寻型对外直接投资以增加国内资源供给（李磊、郑昭阳，2012），并通过产业联系效应带动了中间制造行业的出口，实现制造业结构升级和承接更大规模的高端制造业。技术水平与对外直接投资的交互项系数至少在5%显著性水平下显著为负，说明技术水平通过对外直接投资对中国承接国际制造业转移规模存在间接正向影响。由于发达国家普遍存在对华技术限制性条款，促使中国通过采取技术搜寻型对外直接投资以实现制造业生产核心技术的反向溢出和利润资本汇回（揭水晶等，2013），不仅有力地支撑了新兴制造业的成长，并吸引了大量外资向该行业集聚，同样也有利于承接国际制造业转移结构优化和规模扩张。工资水平与对外直接投资的交互项系数至少在5%显著性水平下显著为正，说明工资水平通过对外直接投资对中国承接国际制造业转移规模存在间接正向影响。在工资上涨的压力之下，中国通过效率搜寻型对外直接投资在将制造业代工环节剥离出去的同时，将劳动力等生产要素更多地配置到研发和销售环节（饶华、朱延福，2013），而制造业专业化分工地位的上升势必成为中国吸引更高层级跨国公司进驻的重要力量。

在控制变量中，至少在5%显著性水平下，系统 GMM 结果中的开放程度、基础设施状况系数均显著为正，政府干预程度系数显著为负。其中，开放程度提升会减少制造业资本进入的障碍，将使中国更加深入融入全球价值链中；而由于交通运输等基础设施完善所产生的正外部性，将会较少降低制造业外资企业在华生产和销售的运输成本，均构成了中国承接国际制造业转移的有利条件。而政府对市场干预过多容易造成资源错配，反而不利于中国对国际制造业转移的承接。另外，至少在5%显著性水平下，GMM 估计结果中滞后变量系数显著为正，表明中国承接国际制造业转移是一个连续变化的过程，往期制造业利用外资规模上升会通过累积效应对当期制造业利用外资规模产生促进作用。虽然自相关检验和 Sargan 检验表明差分 GMM 和系统 GMM 估计结果均不存在二阶自相关和工具变量过度识别性问题，但考虑到系统 GMM 估计方法更有效率（Blundell 和 Bond，1998），且变量系数更为显著，故本章选择系统 GMM 估计结果作为参照基准。

2. 分类别制造业样本估计结果

为了检验对外直接投资对中国承接各类国际制造业转移的影响，本章同样以相对要素投入资本—劳动比为标准，将制造业总体样本划分为劳动密集型、资本密集型和技术密集型三组子样本。三组子样本下的拓展模型系统 GMM 估计结果如表6-3所示。

表6-3　按制造业类别分组的子样本系统 GMM 估计结果

变量	劳动密集型	资本密集型	技术密集型
常数项	3.6659 *** (2.84)	7.8715 ** (2.54)	2.1212 ** (2.64)
$\ln Fdi$ （-1）	0.1494 *** (5.22)	0.0957 *** (3.06)	0.3930 ** (2.03)
$\ln Odi$	0.0620 ** (2.55)	0.1407 ** (2.39)	0.8350 *** (3.09)

续表

变量	劳动密集型	资本密集型	技术密集型
ln*Market*	1.7732 *	0.9715	1.1435 **
	(1.75)	(1.29)	(2.44)
ln*Resour*	0.6646	0.1880	0.1658
	(1.36)	(0.44)	(0.69)
ln*Labor*	-2.0042 **	-2.6119 ***	-2.5146 ***
	(-2.29)	(-2.70)	(-5.53)
ln*Tech*	0.2822	0.2393	0.4144
	(0.79)	(1.03)	(1.28)
ln*Openes*	0.0884 **	0.3505 *	0.4140 ***
	(2.57)	(1.93)	(3.81)
ln*Gov*	-0.0632 **	-0.4057 **	-0.4564 ***
	(-2.37)	(-2.01)	(-4.08)
ln*Asset*	0.4832	0.1115	0.6633 *
	(1.38)	(0.29)	(1.71)
ln*Odi* * ln*Market*	0.1950	0.0184 **	0.0331
	(0.94)	(2.26)	(0.98)
ln*Odi* * ln*Resour*	0.0770	0.0781	0.0472
	(1.51)	(0.86)	(1.28)
ln*Odi* * ln*Labor*	0.0824 **	0.0470 **	0.0383 ***
	(2.01)	(2.57)	(2.87)
ln*Odi* * ln*Tech*	0.0125	0.0151	0.0291 **
	(0.39)	(0.73)	(2.01)
AR (1)	-1.1799	-1.2984	-1.3759
AR (2)	-1.3630	-0.9059	-1.2964
Sargan χ^2 统计量	15.8020	23.5568	18.1041
P 值	1.0000	0.9998	1.0000
样本数	290	290	290

注：括号内为 z 统计值，***、**、*分别表示在 1%、5%、10% 水平上显著；所有回归中均控制省份和年份虚拟变量。

回归结果显示，在 5% 显著性水平下，滞后变量均显著为正，说明中国承接各类制造业规模均存在动态累积递增的趋势。虽然三类制造业子样本中的对外直接投资规模系数均显著为正，但劳动密集型制造业估计系数明显小于资本密集型、技术密集型制造业估计系数。一方面，说明中国对外直接投资和承接国际制造业转移的互补性在各制造行业内似乎并无差异；另一方面，也反映了随着对外直接投资规模的增加，中国更倾向于承接资本密集型和技术密集型制造业。主要由于对外直接投资在给中国制造业发展模式转变创造机遇的同时，也存在因资本过快输出而产生潜在的"空心化"风险。为了规避这一潜在不利影响，中国应在加快各类制造业资本对外扩张的同时，也尤为注意加快引进外资以防止资本项目缺口出现，维持制造业在国民经济中的份额不至于发生太大变化。在这一过程中，中国可以通过采取国内政策调节和国际外交合作等手段，积极引导具有更高附加值的资本密集型和技术密集型制造业走出国门，并优先引进行业中具有领先实力的大型跨国公司进入，很好地融合制造业资本双向对流和承接国际制造业结构升级这两大目标。在10%显著性水平下，劳动密集型和技术密集型制造业子样本中的市场潜力系数显著为正，而三类制造业子样本中的工资水平系数均显著为负，表明收入增长而导致的需求潜力扩张对中国承接劳动密集型和技术密集型制造业更为有利，由工资水平上升而产生的成本冲击则对中国承接各类制造业均会造成不利影响。

劳动密集型制造业子样本中的工资水平与对外直接投资的交互项系数在5%显著性水平下显著为正，说明效率搜寻型对外直接投资构成了中国承接国际劳动密集型制造业转移的间接有利因素。通过效率搜寻型对外直接投资，中国将部分低附加值的加工生产环节转移至国外，减少因用工过度而导致的劳动力成本上升，短期内有利于维持国内低工资的"洼地效应"，反而会强化中国承接国际劳动密集型制造业转移的成本优势。

资本密集型制造业子样本中的市场潜力、工资水平与对外直接投资的交互项系数在5%显著性水平下均显著为正，说明市场搜寻型对外直接投资和效率搜寻型对外直接投资构成了中国承接国际资本密集型制造业转移的间接有利因素。由于中国产能过剩问题主要发生在以钢铁、金属冶炼等为主的传统制造行业，导致了资本密集型制造业市场潜力弱化和生产效率的整体下滑，通过市场搜寻型对外直接投资以加快国际制造业市场份额的扩张，能摆脱国内因过度生产而带来的资本密集型制造业产品市场供过于求和要素市场供不应求的问题，为当前中国消化过剩产能找到了一条合适的途径，通过效率搜寻型对外直接投资则能避免劳动力等要素使用成本发生较大波动，从而有效地提高中国资本密集型制造业的生产效率和改善中国承接国际资本密集型制造业转移的市场条件。

技术密集型制造业子样本中的技术水平、工资水平与对外直接投资的交互项系数至少在5%显著性水平下均显著为正，说明技术搜寻型对外直接投资和效率搜寻型对外直接投资构成了中国承接国际技术密集型制造业转移的有利因素。近年来在国内劳动力成本优势弱化的背景下，中国通过效率搜寻型对外直接投资的方式强化了全球购销网络，逐渐将代工、接包等低附加值环节转移至低工资的其他发展中国家，并将更多劳动力等要素配置到技术密集型制造业；同时运用技术搜寻型对外直接投资和跨国并购的方式，中国很好地掌握了一系列行业领先技术，基本实现了制造业工艺流程和产品的升级。这也优化了中国在全球价值链中的分工地位和巩固了中国承接国际技术密集型制造业转移的产业基础。

3. 分地区制造业样本估计结果

考虑到区位差异可能会对地区承接国际制造业转移规模产生影响，本章三大地区子样本的系统 GMM 估计结果如表 6 - 4 所示。

表 6 - 4　按区位分组的子样本系统 GMM 估计结果

变量	东部地区	中部地区	西部地区
常数项	7. 6355 ***	5. 3348 ***	5. 8760 ***
	(5. 54)	(2. 98)	(7. 34)
$\ln Fdi$	0. 2780 **	0. 5688 **	0. 3351 **
	(1. 95)	(2. 32)	(2. 41)
$\ln Odi$	0. 8598 **	0. 1004 **	0. 3474 ***
	(2. 09)	(2. 11)	(5. 18)
$\ln Market$	0. 3437	1. 4849 *	0. 4226 *
	(0. 25)	(1. 70)	(1. 73)
$\ln Resour$	0. 3341 **	1. 0708 **	1. 0814 **
	(2. 56)	(2. 75)	(2. 42)
$\ln Labor$	- 0. 1285 **	- 0. 1860 **	- 0. 5857 **
	(- 2. 09)	(- 2. 08)	(- 2. 36)
$\ln Tech$	0. 2292 *	0. 5975 ***	0. 0494
	(1. 68)	(2. 74)	(0. 59)
$\ln Openes$	0. 6292 ***	0. 1204	1. 0800 ***
	(3. 06)	(0. 41)	(5. 08)
$\ln Gov$	- 1. 8331 ***	- 1. 1215	- 2. 1066 ***
	(- 4. 17)	(- 0. 92)	(- 4. 93)
$\ln Asset$	0. 4182	0. 0242	0. 3444
	(0. 20)	(0. 03)	(1. 21)
$\ln Odi * \ln Market$	0. 1310 **	0. 6660 *	0. 1280 **
	(2. 37)	(1. 82)	(2. 15)

续表

变量	东部地区	中部地区	西部地区
$\ln Odi * \ln Resour$	0.0015 ** (2.34)	0.0040 (0.20)	0.0076 (0.41)
$\ln Odi * \ln Labor$	0.0156 *** (3.34)	0.0400 (0.38)	0.0928 (1.29)
$\ln Odi * \ln Tech$	0.0291 ** (2.52)	0.0124 * (1.76)	0.0333 (0.33)
AR（1）	−0.4372	−0.7715	−0.5124
AR（2）	−0.2300	−0.2257	−0.2907
Sargan χ^2 统计量	4.7085	2.1443	1.1914
P 值	1.0000	1.0000	1.0000
样本数	130	60	100

注：括号内为 z 统计值，***、**、* 分别表示在 1%、5%、10% 水平上显著；所有回归中均控制省份和年份虚拟变量。

在 5% 显著性水平下，各地区滞后项系数均显著为正，说明各地区承接国际制造业转移具有正向时期累积效应。虽然三大地区子样本中的对外直接投资规模系数均显著为正，但东部地区估计系数明显大于中部地区、西部地区估计系数。这一结论不难理解，受经济发展水平的影响，中国制造业对外直接投资的区域分布不平衡的问题十分突出，形成了东部地区高度集聚，中西部地区相对薄弱的格局（陈景华，2014）。资本输出不仅成为东部地区制造业结构调整的新途径，同时通过产业链的率先升级也为东部地区大规模承接国际高端制造业转移提供了现实可能性。

在 10% 显著性水平下，三大地区子样本中的资源禀赋和工资水平系数均显著为正，说明资源禀赋和工资水平变化对三大地区承接国际制造业转移的影响并无差异。事实上，随着中国市场一体化的逐步完善，资源和劳动力的跨区流动更为频繁，从而有效地弥补了区域间的供给缺口，保持资源价格和工资水平相对稳定，有助于各地区承接更大规模的国际制造业转移。另外，市场潜力构成了中西部地区承接国际制造业转移的有利条件，技术水平则构成了东中部地区承接国际制造业转移的有利条件。

在 10% 显著性水平下，三大地区子样本中的市场潜力与对外直接投资的交互项系数均显著为正，说明市场搜寻型对外直接投资有利于东中西部地区承接更大规模的国际制造业转移。众所周知，由于长期以来的传统制造业过分扩张以及地区之间的产业结构趋同现象十分严重，造成了东中西部地区均存在一定程度上的制造业产能过剩。在国家"一带一路"倡议背景下，东中西部地区通过市场搜寻型对外直接投资对外疏导了大量过剩产能，结构优化成为了各地区承接国际制造业转移的重要支撑。

在5%显著性水平下，东部地区子样本中的资源禀赋、工资水平与对外直接投资的交互项系数均显著为正，说明资源搜寻型对外直接投资和效率搜寻型对外直接投资有利于东部地区承接更大规模的国际制造业转移。主要原因在于，虽然中国大部分制造业都集聚在东部地区，但生产性资源则主要分布于中西部内陆地区，生产能力与比较优势不相匹配使东部地区制造业发展面临着资源瓶颈。通过资源搜寻型对外直接投资，东部地区充分利用海外资源供应链，有效地解决了因资源供求缺口而导致的对国际制造业转移的承接能力不强的问题。东部地区同时是中国加工制造业的主要聚集区，而工资的普遍上涨极大地压制了区域制造业生产效率，成本优势的逐步丧失使东部地区不得不改变传统的制造业发展模式。通过效率搜寻型对外直接投资，东部地区将部分加工环节顺势转移至海外，并致力于高端环节的生产，作为中国制造业结构转型的"雁首"，东部地区成功吸引了大规模高质量外资流入和实现了对国际现代制造业转移的承接。

在10%显著性水平下，东中部地区子样本中的技术水平与对外直接投资的交互项系数显著为正，说明技术搜寻型对外直接投资有利于东中部地区承接更大规模的国际制造业转移。相较于西部地区，东中部地区科教和研发资源较为丰富，拥有更好的技术吸收和转化能力，使技术搜寻型对外直接投资的反向溢出效果发挥更为明显，通过结构优化吸引了大量新兴制造业外资的集聚已成为了东中部地区承接国际制造业转移的主要特征。

4. 稳健性检验

为了检验模型设定及估计结果的稳定性，本章以2008年金融危机为节点，对中国对外直接投资影响承接国际制造业转移进行阶段性检验。表6-5为稳健性检验结果。中国制造业对外直接投资规模、市场潜力、资源禀赋、工资水平和技术水平系数及显著性与前文结果基本一致。然而，较之危机前样本，危机后样本中的交互项系数更为显著，且主要体现于工资水平、技术水平与对外直接投资交互项系数的显著性上。造成这种差异的原因在于，受金融危机的冲击，中国试图改变传统以资源搜寻和市场搜寻为主要动机的单一模式，并将促进国内制造业结构升级作为对外直接投资的重要目标。在这一背景下，通过效率搜寻型对外直接投资来主动调整分工地位和通过技术搜寻型对外直接投资来发挥更大范围的技术溢出效应，成为中国承接国际制造业转移的新优势。另外，控制变量回归系数符号同本章预期一致。二阶自相关检验、Sargan 检验结果均表明本章系统 GMM 估计结果及相关结论的有效性。

表 6 − 5 稳健性检验结果

变量	样本阶段: 2003 ~ 2008 年	样本阶段: 2009 ~ 2013 年
常数项	5. 3549 **	2. 0756 ***
	(2. 65)	(2. 84)
$\ln Fdi$ (− 1)	0. 2914 ***	0. 4623 ***
	(4. 53)	(4. 76)
$\ln Odi$	0. 6126 ***	0. 3845 ***
	(9. 83)	(4. 36)
$\ln Market$	0. 3539 **	1. 0167 *
	(1. 91)	(1. 69)
$\ln Resour$	0. 3240 *	0. 3948 **
	(1. 79)	(2. 09)
$\ln Labor$	− 0. 6227 **	− 0. 4729 **
	(− 1. 97)	(− 1. 91)
$\ln Tech$	0. 1425 **	0. 3413 **
	(2. 28)	(2. 04)
$\ln Openes$	0. 6616 **	0. 6367 ***
	(2. 47)	(2. 80)
$\ln Gov$	− 0. 4821 *	− 0. 5186 **
	(− 1. 67)	(− 2. 17)
$\ln Asset$	0. 1459 **	0. 3406
	(2. 39)	(1. 62)
$\ln Odi * \ln Market$	0. 1170 **	0. 1671 **
	(2. 35)	(2. 01)
$\ln Odi * \ln Resour$	0. 0015 ***	0. 0027 ***
	(5. 05)	(2. 19)
$\ln Odi * \ln Labor$	0. 0193	0. 0177 **
	(0. 12)	(2. 23)
$\ln Odi * \ln Tech$	0. 0352	0. 0573 ***
	(1. 59)	(2. 86)
AR (1)	− 1. 5469	− 1. 5890
AR (2)	0. 1299	0. 4211

变量	样本阶段：2003～2008 年	样本阶段：2009～2013 年
Sargan χ^2 统计量	16.7474	11.0161
P 值	0.2111	0.2008
样本数	145	116

注：括号内为 z 统计值，***、**、* 分别表示在 1%、5%、10% 水平下显著；所有回归中均控制省份和年份虚拟变量。

第四节　小结

本章主要探讨了中国如何通过各类动机对外直接投资的结构传导机制影响对国际制造业转移的承接，以及制造业类型和区位差异化会对机制作用发挥产生怎样的影响等问题。为此，本章构建了一个动态模型，并纳入动机因素变量与对外直接投资的交互项，结合 2003～2013 年中国省际面板数据，运用系统 GMM 方法对模型进行了估计。研究发现：

第一，对外直接投资对中国吸引高端制造业外资进入有着显著正向影响，进而有利于中国承接国际制造业转移的结构升级。在工具变量均外生的前提下，中国对外直接投资规模每上升 10% 将导致承接国际制造业转移规模增加 4.108%。其中，通过市场搜寻型对外直接投资来绕开贸易壁垒和转移过剩产能效应、资源搜寻型对外直接投资的资源供给增加和出口带动效应增强、效率搜寻型对外直接投资的分工地位优化效应以及技术搜寻型对外直接投资的反向技术溢出和利润资本汇回效应等结构传导路径，能较好地促进新兴制造业外资向中国集聚，并实现对国际制造业转移更好的承接。

第二，短期内中国不仅能通过效率搜寻型对外直接投资来维持国内劳动力相对价格优势，也有利于承接一部分劳动密集型制造业；同时通过效率搜寻型对外直接投资向外转移低附加值的加工生产环节和促进劳动力等要素向新兴制造业流动，成为中国承接国际资本密集型和技术密集型制造业的有利因素。通过市场搜寻型对外直接投资向海外转移过剩产能，优化了中国承接国际资本密集型制造业的市场条件；而利用技术搜寻型对外直接投资的技术溢出效应，中国实现了制造业生产方式的转型升级，构成了中国承接国际技术密集型制造业转移的重要基础。

第三，相较于中西部地区，东部地区资源禀赋较少和相对工资较高，资源寻求型对外直接投资和效率寻求型对外直接投资的国际制造业转移效应更为明显；相较于西部地区，东中部地区具有更丰富的科教资源和更强的吸收能力，技术搜寻型对外直接投资的国际制造业转移效应也更为明显。

第四，在金融危机之后，出于制造业结构优化的需要，中国加快实施了效率搜寻型对外直接投资和技术搜寻型对外直接投资，使分工地位优化和技术溢出效应成为了中国承接国际制造业转移的新优势。

第七章　中国对外直接投资的国内区域产业转移效应分析

第一节　问题提出

经典区域产业转移理论认为，地区间产业结构及发展水平的差异性，产业转移则主要表现为区域间要素流动和生产专业化的转变。在解释区域产业转移由何种因素直接决定时，新经济地理学认为，产业中心的市场竞争效应和拥挤效应会造成土地、资源和劳动力使用成本的上升，构成了地区产业专业化生产的分散力（Krugman，1996）。另外，产业中心市场容量有限或受制于经济发展、人均收入的增长，市场需求可能趋于饱和，而打开和巩固区外市场，增加产业市场销售额便成为了区域产业转移的另一目标（覃成林、熊雪如，2013）。总之，现有研究普遍认为，地区间要素禀赋条件和市场需求条件差异是触发区域产业转移的不可忽视的两个方面。事实上，对外直接投资作为产业资本输出的过程，构成了母国区域产业转移的外部动因。主要体现于对外直接投资背后所蕴含的各类动机会对母国产业市场规模产生影响（黄凌云等，2014），同时母国也会依据比较优势转变程度的差异而采取不同的区域产业转移策略，目前鲜有文献对此进行论证。

因此，将不同动机对外直接投资的本地市场效应和区域间比较优势相结合对分析对外直接投资的国内区域产业转移效应显得十分必要。以此为主题，选取制造业作为研究对象，本章试图回答以下两个问题：我国东部地区对外直接投资是否会对中西部地区制造业规模产生影响？如果这一影响存在，那么东部地区对外直接投资动机和制造业结构的差异，区域制造业转移具体路径又是否会发生变化？为此，本章在考虑制造业投资和生产活动的动态变化特征基础上，通过构建含对外直接投资及其与动机因素交互项的动态模型，并运用2003~2012年中国

169 个地级城市面板数据，包括 9 个东部中心城市和 160 个中西部城市，系统检验当前中国对外直接投资的国内区域制造业转移效应。

第二节　机制说明与实证模型设计

一、机制说明

基于 Dunning（2009）对投资动机的分类，本章重点探讨了效率搜寻型、技术搜寻型和市场搜寻型三类对外直接投资可能存在的国内区域制造业转移效应的发生机制。为了形象说明这一问题，我们假设某国仅存在地区 A 和地区 B，两区域市场规模或要素禀赋存在差异。其中地区 A 和地区 B 分别为该国对外直接投资的主要来源区和次要来源区，且该国对外直接投资存在多重动机，进行这一假设是考虑我国对外直接投资的区域分布特征与现实。下面将讨论多重动机导向对外直接投资如何实现制造业由地区 A 向地区 B 转移。发生机制如图 7 - 1 所示。

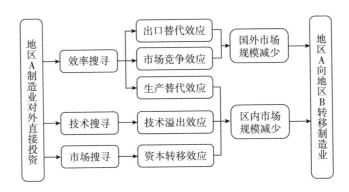

图 7 - 1　对外直接投资的国内区域制造业转移效应发生机制示意图

资料来源：笔者绘制。

地区 A 的效率搜寻型对外直接投资存在对其国外市场规模和区内市场规模的双重挤出。在包括劳动力、土地等使用成本不断上升的压力下，地区 A 会选择将制造业生产链转移至国外要素禀赋更丰富的东道国以提高生产效率（黄益平，2013），这一过程也会构成对地区 A 制造业市场规模的潜在威胁。具体表述为以下三个方面：

第一，地区 A 在东道国直接投资建厂进行生产，就近满足当地市场需求，会削减地区 A 对东道国制造业出口规模，构成效率搜寻型对外直接投资的出口替代效应。

第二，地区 A 对东道国制造业对外直接投资通常会随着诸如技术、人力资本等一揽子相关要素的输出，尤其对于工业水平相对落后的发展中国家而言，对外直接投资能加快地区 A 成熟的制造业生产方式与东道国较好的要素禀赋条件相融合，有利于提高东道国制造业的国际竞争力，这会挤占地区 A 制造业的国际市场份额，构成效率搜寻型对外直接投资的市场竞争效应。

第三，如果相较于直接在地区 A 制造业生产的投入成本，在东道国投资生产并返销至区内的总成本更低，那么地区 A 制造业生产优势将不复存在，对制造品的需求方式也会由本地直接生产向外包或进口转变，从而构成了效率搜寻型对外直接投资的生产替代效应。

技术搜寻型和市场搜寻型对外直接投资均可能存在对地区 A 市场规模的挤出。其中，地区 A 能利用跨国公司的"学习效应"以获取和掌握东道国制造业核心生产技术，并通过技术反馈机制实现区内制造业生产水平提升和结构升级。然而结构升级会造成对传统要素密集型制造业投资需求减少，高端制造业也会逐渐挤占传统制造业的市场利润空间，地区 A 制造业市场规模变化呈现结构性特征，构成了技术搜寻型对外直接投资的技术溢出效应。同时，地区 A 会因市场饱和而向收入水平较高和市场潜力较大的东道国进行过剩制造业资本输出，由此将扩大对区内资本或技术密集型中间制造产品的需求和出口增长，生产要素流入高端制造业并会挤占传统制造业市场份额，构成了市场搜寻型对外直接投资的资本转移效应。

由于各类动机对外直接投资对制造业市场规模的替代程度不一，因此，地区 A 会采取差异化区域制造业转移策略。虽然效率搜寻型对外直接投资的出口替代效应和市场竞争效应会压缩地区 A 制造业的国际市场份额，但是在短期内，如果地区 A 在制造业生产上仍然保留一定的比较优势，那么可以通过增加对地区 B 制造业市场供给或向地区 B 转移部分制造业生产链的方式，实现国内制造业市场扩张以弥补其国外市场规模的缩减。效率搜寻型对外直接投资的生产替代效应、技术搜寻型对外直接投资的技术溢出效应和市场搜寻型对外直接投资的资本转移效应均会挤占地区 A 传统制造业市场份额，比较优势动态上升或利润降低会使传统制造业沦为"边际产业"，地区 A 会选择将其整体搬迁至要素禀赋条件更好的地区 B，通过降低生产成本以提振制造业市场竞争力和挽回部分市场规模。

二、实证模型设计

基于上述分析，为了验证东部地区对外直接投资是否会对中西部地区制造业规模产生间接影响，本章以中国地级以上城市作为研究对象，通过对各城市制造业规模和制造业对外直接投资取对数以获得两者之间的稳健关系，并将基准模型设定如下：

$$\ln Y_{it} = \alpha_0 + \alpha_1 \ln Y_{it-1} + \alpha_2 \ln Odi_{it} + \alpha_3 \ln Odi_{ijt} + Z\vartheta + u_i + v_t \varepsilon_{it} \qquad (7-1)$$

其中，i、j 分别表示中西部城市和东部城市，t 表示时期，且 $i = 1$，2，3，$\cdots$，N；$j = 1$，2，3，$\cdots$，M；$t = 1$，2，3，$\cdots$，T。Y_{it} 表示 t 时期 i 城市的制造业规模。Odi_{it}、Odi_{ijt} 分别表示 t 时期中西部城市制造业对外直接投资额和东部城市的制造业加权对外直接投资额，后者为使用所有东部城市至中西部城市个体物理距离因子平减之后的加权求和值。例如：对于某个中西部城市 i 而言，如果 t 时期某个东部城市 j 对外直接投资对其制造业规模间接影响便可以表示为 $e^{-\eta dij} Odi_{jt}$，那么所有东部城市对外直接投资对该中西部城市 i 制造业规模的有效间接影响是：$Odi_{ijt} = \sum_j e^{-\eta dij} Odi_{jt}$。其中，参数 $\eta > 0$，$e^{-\eta dij}$ 表示距离平减因子，d_{ij} 是东部城市 j 到中西部城市 i 的物理距离，使用城市之间的最短公路距离表示。新经济地理（NEG）理论和模型强调距离越远，意味着运输成本越高，城市之间的制造业转移发生的可能性越小。因此，当 d_{ij} 越大，那么东部城市 j 对中西部城市 i 的经济辐射力度越弱。借鉴 Keller（2002）的处理方法，将参数 η 标准化为 1。同时基准模型中还包括滞后项 Y_{it-1}，考虑到东部城市和中西部城市在生产环境上的差异，中西部城市对转入的制造业存在一定适应期，制造业规模增长率呈现动态变化特征具有其合理性（Needeman 和 Scott，1964）。Z 表示影响 i 城市的制造业规模的观测变量，主要包括金融深化程度、政府干预程度、基础设施完善程度等。α_i 表示各解释变量的待估参数，u_i、v_t 分别代表不随城市和时间变化的固定效应，ε_{it} 为随机扰动项。

为了考察不同动机对外直接投资的国内区域制造业转移效应，需要进一步对东部城市制造业对外直接投资动机进行识别。在考虑劳动力成本上升、技术升级受阻和市场需求饱和作为其制造业对外直接投资背后效率搜寻、技术搜寻和市场搜寻动机形成的主要原因时，故本章借鉴 Xu 和 Sheng（2012）的处理方法，在基准模型式（7-1）的基础上，分别引入东部城市的工资水平、研发水平、市场潜力与制造业对外直接投资的交互项，拓展设定如下：

$$\ln Y_{it} = \beta_0 + \beta_1 \ln Y_{it-1} + \beta_2 \ln Odi_{it} + \beta_3 \ln Odi_{ijt} + \beta_4 \ln Odi_{ijt} \times \ln Wage_{ijt} + \beta_5 \ln Odi_{ijt} \times$$
$$\ln Tech_{ijt} + \beta_6 \ln Odi_{ijt} \times \ln Market_{ijt} + Z\vartheta + u_i + v_t + \varepsilon_{it} \qquad (7-2)$$

其中，$Wage_{ijt}$、$Tech_{ijt}$、$Market_{ijt}$ 表示 t 时期使用距离平减因子过滤后的东部城市制造业工资水平、研发水平和市场潜力，用以衡量东部城市制造业生产的真实劳动力投入成本、技术知识吸纳转化能力和市场饱和程度。交互项分别表示东部城市工资水平、研发水平和市场潜力因素通过对外直接投资对中西部城市制造业规模变化的间接效应,可将其视为东部城市效率、技术和市场搜寻型对外直接投资对中西部城市制造业规模所产生的影响。

<h2 style="text-align:center">第三节 变量说明与实证结果分析</h2>

一、变量描述与数据来源说明

制造业规模使用城市规模以上工业总产值代替(陈秀山、徐瑛,2008);制造业对外直接投资使用城市制造业对外直接投资流量代替,鉴于数据可获得性,本章主要基于城市所在省份的对外直接投资数据、制造业对经济增长的贡献率及城市经济开放度为权重估算得到各城市制造业对外直接投资流量数据的近似值。计算公式为:

$$Odi_{it} = \left(\sum_i Odi_{it} \right) \times \rho_t \times k_{it} \tag{7-3}$$

其中,$\sum_i Odi_{it}$ 为城市 i 所在省份的OFDI流量;ρ_t 表示 t 时期城市 i 所在省份制造业发展对经济增长的贡献度;k_{it} 表示 t 时期城市 i 的对外开放程度。工资水平使用在城市在岗职工平均工资代替;研发水平使用城市专任教师数和在校学生数占总人口比重代替;市场潜力的计算借鉴 Harris(1954)的度量方法,在引入运输成本的基础上,将本地区市场潜力表示为有效辐射范围内的区内和其他地区总产出的加总。具体计算过程为:一是使用各城市 GDP 衡量本市产品销售,二是使用其他城市 GDP 与两市之间直线距离平方的倒数乘积衡量在市外产品销售,而各城市市场潜力表现为上述两类销售总和。

在控制变量中,金融深化程度构成了影响地区制造业资本来源的主要因素,使用城市年末金融机构各项贷款余额占 GDP 比重表示,取对数后记为 $\ln Fin$;政府干预投资行为是经济分权背景下地区制造业发展过程中的普遍现象(段国蕊、臧旭恒,2013),故使用财政一般预算内支出占 GDP 比重来表示城市政府干预程度,取对数后记为 $\ln Gov$;基础设施则被视为承接地区主动吸收制造业资本转入的硬件基础(洪俊杰等,2014),这里使用城市人均道路面积表示,取对数后记为 $\ln Prd$。

在剔除了缺省值和异常值之后,本章选取的研究样本为 2003~2012 年中国

169 个地级城市层面的面板数据，其中包括东部城市 9 个①，中西部城市 160 个，样本容量为 1690。各城市 GDP、规模以上工业总产值、在岗职工平均工资、专任教师和在校学生数、年末金融机构各项贷款余额、财政一般预算内支出、人均道路面积等数据均来源于历年《中国城市统计年鉴》，各省 GDP、土地面积等数据均来源于历年《中国统计年鉴》，各省对外直接投资流量、制造业增加值数据分别来源于历年《中国对外直接投资统计公报》和历年《中国工业经济统计年鉴》，城市之间的最短公路距离数据则参考中国电子地图。主要变量及描述性统计如表 7-1 所示。

表 7-1　主要变量的描述性统计

变量	定义	观测数	均值	标准差	最小值	最大值
$\ln Y$	制造业规模（%）	1690	-1.9867	1.0402	-5.1089	1.9837
$\ln Odi$	制造业对外直接投资（万美元）	1690	4.4148	3.0169	-3.4032	13.4826
$\ln Wage$	工资水平（万元）	1690	0.7224	0.5243	-6.9269	3.4677
$\ln Tech$	研发水平（%）	1690	2.8613	0.2135	1.8224	3.9329
$\ln Market$	市场潜力（万元）	1690	13.3594	0.7596	10.6919	15.7558
$\ln Fin$	金融深化程度（%）	1690	4.1425	0.5469	2.0191	5.7954
$\ln Gov$	政府干预程度（%）	1690	2.4756	0.5115	-0.1966	4.2306
$\ln Prd$	基础设施完善程度（平方米）	1690	1.9554	0.5673	-1.1712	4.2719

二、实证结果分析

1. 全样本估计结果

由于基准模型和拓展模型中均包含制造业规模的一期滞后项，故需选取动态面板 GMM 估计方法。为了便于比较，本章同时给出了差分 GMM 和系统 GMM 的估计结果。结果如表 7-2 所示。其中，结果（1）、结果（2）为基准模型和拓展模型的差分 GMM 估计结果，结果（3）、结果（4）为基准模型和拓展模型的系统 GMM 估计结果。

---

① 考虑到东部地区制造业集聚度和城市规模之间存在较为明显的正相关性。本章参照 Meijers 和 Burger（2010）对城市规模位序法的定义，通过齐夫指数（Zipf）判定城市群结构，选取 9 个中心城市作为东部城市样本，具体包括沈阳市、北京市、济南市、青岛市、上海市、福州市、厦门市、广州市、佛山市。

表 7 – 2 动态制造业区域转移模型全样本估计结果

变量	DIF – GMM		SYS – GMM	
	(1)	(2)	(3)	(4)
常数项	– 1.4719 ***	– 1.5167 ***	– 0.5960 ***	– 0.5515 ***
	(– 10.68)	(– 9.93)	(– 5.05)	(– 3.56)
$\ln Y_{it-1}$	0.2140 ***	0.2812 ***	0.6184 ***	0.6394 ***
	(6.46)	(7.24)	(27.59)	(33.79)
$\ln Odi_{it}$	– 0.0003 **	– 0.0016 ***	– 0.0002 **	– 0.0032 **
	(– 2.12)	(– 2.62)	(– 2.06)	(– 2.22)
$\ln Odi_{ijt}$	0.0053 ***	0.0028 **	0.0039 ***	0.0108 ***
	(5.46)	(2.26)	(4.86)	(4.38)
$\ln Fin_{it}$	0.0221 ***	0.0340 ***	0.0162 **	0.0360 ***
	(3.37)	(3.98)	(1.98)	(3.47)
$\ln Gov_{it}$	0.0019	0.0155 **	0.0094 **	0.0105
	(0.45)	(2.29)	(2.03)	(1.43)
$\ln Prd_{it}$	0.0048 **	0.0042 **	0.0191 **	0.0217 **
	(2.31)	(2.29)	(2.08)	(2.21)
$\ln Odi_{ijt} * \ln Wage_{ijt}$	—	0.0022 ***	—	0.0073 ***
		(3.18)		(4.83)
$\ln Odi_{ijt} * \ln Tech_{ijt}$	—	0.0006 ***	—	0.0014 *
		(4.85)		(1.72)
$\ln Odi_{ijt} * \ln Market_{ijt}$	—	0.0006 **	—	0.0009 ***
		(2.56)		(2.73)
AR (1)	– 2.2271	– 2.2879	– 2.6800	– 2.6104
AR (2)	2.6699	2.4225	2.0616	2.0734
Sargan χ^2 统计量	62.1395	56.9081	71.4811	71.6847
P 值	0.0001	0.0007	0.0002	0.0002
Wald 值	850.84	960.21	3287.24	3370.64
样本数	1107	1107	1268	1268

注：括号内为 z 统计值，***、**、* 分别表示在 1%、5%、10% 水平上显著；所有回归中均控制城市和年份虚拟变量。

在 1% 显著性水平下，中西部城市制造业规模的一期滞后项显著为正，说明中西部城市往期制造业投资规模的扩张具有一定的时滞效应，资本积累成为了当前中西部城市制造业快速发展的重要动力。中西部城市制造业对外直接投资系数在5%显著性水平下显著为负，对外直接投资每上升10%将会引起中西部城市制造业规模下降0.0002%～0.0032%，说明过快资本输出反而会对中西部城市制造业发展产生抑制。由于"西部大开发"和"中部崛起"等国家战略的倾斜，中西部城市制造业投资正处于快速增长阶段，这也相应带来对制造业资本的高度需求。而中西部城市在制造业基础并不稳固条件下加快资本输出，势必会造成中西部城市制造业资本存量的减少；同时受制于现有制造业结构，中西部城市对外直接投资多以低附加值和获利能力较差的传统制造业为主，利润和剩余资本返回均不足以弥补其制造业资本缺口，资本稀缺程度增加会相继提升投资成本，并形成对本地制造业投资和生产的挤占效应。东部城市制造业对外直接投资系数至少在10%显著性水平下显著为正，东部城市对外直接投资每上升10%将会引起中西部城市制造业规模上升0.0028%～0.0108%。佐证了东部城市制造业对外直接投资构成了对中西部城市制造业规模扩张的间接影响因素。

在结果（2）和结果（4）中，东部城市工资水平和对外直接投资的交互项系数在1%显著性水平下显著为正，说明东部城市效率搜寻型对外直接投资会造成中西部制造业规模扩张。近年来我国经济的高速增长和"人口红利"的逐渐消失均是造成工资上涨的重要原因，这也直接导致了东部地区加工制造业比较优势被削弱，向劳动力更为廉价的海外国家投资既成为东部城市提高制造业生产效率的有效途径，短期内也会因其国际市场竞争加剧和出口替代而对东部地区加工制造品外需产生不利影响，从而倒逼东部城市开始向中西部城市转移部分制造业以寻求国内市场扩张。

东部城市研发水平和对外直接投资的交互项系数在10%显著性水平下显著为正，说明东部城市技术搜寻型对外直接投资会造成中西部城市制造业规模扩张。受益于坚实的教育基础和丰富的研发资源，东部城市对外来技术具备较强的吸收能力，特别是在我国经济结构转型的背景下，获取海外核心技术等高级要素成为东部城市实现国际化战略的重要动力，由技术溢出所带来的结构调整不可避免地造成现代制造业对传统制造业本地市场份额的挤占，是促使东部城市传统制造业向要素禀赋更为丰富的中西部城市梯度转移的主要原因。

东部城市市场潜力和对外直接投资的交互项系数在5%显著性水平下显著为正，说明东部城市市场搜寻型对外直接投资会造成中西部城市制造业规模扩张。在经历了前期高速增长之后，东部城市制造业普遍存在严重的产能过剩，东部城市在加快对外直接投资以实现过剩产能输出的同时，为了防范可能出现的制造业"空心化"问题，也积极推动现代制造业产品出口和结构升级，生产要素更多地向高端制造业配置转移，同时改善传统制造业面临市场利润空间收窄的问题（胡立君等，2013），这也促使东部城市向中西部城市转移传统制造业资本以实现更有效率的生产。

在控制变量中，在5%显著性水平上，中西部城市金融深化程度、政府干预程度和基础设施完善程度系数均显著为正，说明金融机构便捷高效的融资运作、政府对大型制造项目的财政支出以及运输基础设施改善均有利于中西部城市扩大制造业规模。另外，在1%显著性水平下，自相关检验和 Sargan 检验表明系统 GMM 估计结果均不存在二阶自相关和工具变量过度识别性问题。

2. 分区位样本估计结果

由于不同地理区位的东部城市在对外直接投资动机和制造业结构上可能存在差异，这将最终影响东部城市在对中西部城市转移制造业资本时究竟选择何种策略。据此，本章借鉴刘红光等（2011）的区域划分方法，将东部城市具体划分为东北部城市、北部沿海城市、东部沿海城市和南部沿海城市四组，分别对每组子样本下的拓展模型进行回归。结果如表 7 - 3 所示。结果（1）~结果（4）分别为东北部城市、北部沿海城市、东部沿海城市和南部沿海城市四组子样本的系统 GMM 估计结果。

表 7 - 3　按东部城市区位分组的子样本系统 GMM 估计结果

变量	(1)	(2)	(3)	(4)
常数项	1.2230 ***	0.7647 ***	0.7955 ***	- 1.1250 ***
	(3.51)	(3.90)	(7.56)	(-7.38)
$\ln Y_{it-1}$	1.0359 ***	1.0763 ***	0.8970 ***	0.9167 ***
	(89.39)	(42.80)	(39.38)	(79.74)
$\ln Odi_{it}$	- 0.0050 *	- 0.0029 *	- 0.0014 **	- 0.0020 ***
	(-1.75)	(-1.76)	(-2.43)	(-2.74)
$\ln Odi_{ijt}$	0.0123 ***	0.0246 ***	0.0555 ***	0.0028 ***
	(3.32)	(4.05)	(6.32)	(4.85)
$\ln Fin_{it}$	0.0549 ***	0.0135	0.0012	0.0022
	(5.33)	(1.18)	(0.15)	(0.23)
$\ln Gov_{it}$	0.0164 **	0.0347 ***	0.0118	0.0373 ***
	(2.35)	(3.36)	(1.28)	(5.84)
$\ln Prd_{it}$	0.0443 ***	0.0201	0.0485 ***	0.0190
	(2.66)	(1.28)	(3.17)	(1.35)
$\ln Odi_{ijt} * \ln Wage_{ijt}$	0.0403 ***	0.0224 ***	0.0456 ***	0.0031
	(3.64)	(3.29)	(5.15)	(1.35)

变量	（1）	（2）	（3）	（4）
$\ln Odi_{ijt} * \ln Tech_{ijt}$	0.0185	0.0195 ***	0.0296 ***	0.0087
	（1.46）	（3.93）	（2.74）	（1.58）
$\ln Odi_{ijt} * \ln Market_{ijt}$	0.0016	0.0158 ***	0.0127 ***	− 0.0041 *
	（0.23）	（2.65）	（3.48）	（−1.79）
AR（1）	−3.2770	−3.2977	−3.2381	−3.3282
AR（2）	0.2994	0.4039	0.3151	0.1313
Sargan χ^2 统计量	56.5981	54.3582	58.6391	65.0833
P 值	0.0188	0.0148	0.0154	0.0110
Wald 值	31555.37	10099.53	12616.79	30473.74
样本数	790	790	790	790

注：括号内为 z 统计值，***、**、* 分别表示在1%、5%、10%水平下显著；所有回归中均控制城市和年份虚拟变量。

在10%显著性水平下，中西部城市制造业规模的一期滞后项和制造业对外直接投资系数分别显著为正和负，说明中西部城市当期制造业规模既受到往期资本存量积累效应的有利影响，也会受到对外直接投资挤占效应的抑制。东部城市制造业对外直接投资系数显著为正，说明对外直接投资均会造成四组东部城市制造业向中西部城市的转移。

然而，交互项结果表明，中部和西部城市制造业规模总是与四组东部城市特定动机对外直接投资相关联的。具体来看，结果（1）~结果（3）中的工资水平与对外直接投资交互项系数在1%显著性水平下显著为正，说明中西部城市制造业规模扩张与东北部城市、北部沿海城市和东部沿海城市效率搜寻型对外直接投资不无关系。这与我国加工制造业的地域分布结构有关，由于相对于南部沿海城市，东北部城市、北部沿海城市和东部沿海城市加工制造业所占份额较小，这也意味着在效率搜寻型对外直接投资的国际竞争效应和出口替代效应影响下，这些城市更易于将加工制造业从现有产业体系中剥离，从而向内陆城市转移以实现市场扩张。在1%显著性水平下，结果（2）和结果（3）中的研发水平、市场潜力与对外直接投资交互项系数均显著为正，说明北部沿海城市和东部沿海城市的技术搜寻型对外直接投资、市场搜寻型对外直接投资是导致中西部制造业规模扩大的重要原因。这与城市制造业结构相关，一方面，由于我国东部地区近70%的高新技术制造产业园聚集于北部沿海城市和东部沿海城市，决定了这些城市拥有更强的技术引进和吸收能力，因此，通过对外直接投资的技术溢出效应对制造业结构升级的促进作用更为明显，自然成为推动这些城市传统制造业向中西部转移的重要动力之一；另一方面，北部沿海城市和东部沿海城市也是我国重化工业的主要分布区，然而过快增长造成这些城市钢铁、化工等传统制造业的产能出现过剩问题，市场搜寻型对外直接投资资本转移效应对这些城市的制造业结构调整产生了较大压力，直接导致了传统制造业向中西部城市的迁移。

在控制变量中，在1%显著性水平下，中西部城市的金融深化程度、政府干预程度和基础设施完善程度系数均显著为正。各组子样本下的估计结果均拒绝了扰动项存在二阶自相关的原假设，Sargan检验也表明系统GMM估计不存在工具变量过度识别问题。

3. 稳健性检验

为了验证模型设定及估计结果的稳定性，本章分别做了如下稳健性检验：第一，以2008年金融危机为节点，将总样本划分为危机前和危机后两个阶段子样本，检验外部冲击对中国对外直接投资的区域制造业转移效应的影响。第二，为了明确东部城市向中西部城市转移制造业时是否会受到其城市层级的影响，将中西部城市分为省会城市和非省会城市，检验不同层级城市对制造业的承接力度。表7-4给出了本章稳健性检验结果。

表7-4　稳健性检验结果

变量	样本阶段		中西部城市层级	
	2003～2008 年	2009～2012 年	省会城市	非省会城市
常数项	-5.1604 * (-1.84)	-3.1022 (-1.33)	-4.8847 *** (-3.19)	-0.8487 *** (-3.24)
$\ln Y_{it-1}$	0.7128 *** (4.10)	0.2145 ** (2.35)	0.3608 ** (2.45)	0.5162 *** (7.44)
$\ln Odi_{it}$	-0.0027 *** (-2.74)	-0.0039 * (-1.73)	-0.0202 ** (-2.36)	-0.0007 ** (-2.25)
$\ln Odi_{ijt}$	0.0819 * (1.74)	0.2935 *** (3.52)	0.0269 ** (2.45)	0.0019 *** (2.66)
$\ln Fin_{it}$	0.0922 (1.27)	0.0240 * (1.75)	0.0219 * (1.80)	0.0083 (0.63)
$\ln Gov_{it}$	0.0019 (0.17)	0.0150 (0.28)	0.0130 ** (2.26)	0.0121 (1.51)
$\ln Prd_{it}$	0.0207 ** (2.27)	0.0559 ** (2.16)	0.0172 ** (2.08)	0.0162 ** (2.12)

续表

变量	样本阶段		中西部城市层级	
	2003～2008 年	2009～2012 年	省会城市	非省会城市
$\ln Odi_{ijt} * \ln Wage_{ijt}$	0.0110 ** (2.14)	0.0901 ** (2.06)	0.0091 ** (2.55)	0.0025 (1.24)
$\ln Odi_{ijt} * \ln Tech_{ijt}$	0.0458 (0.76)	0.1329 *** (5.31)	0.0137 (0.80)	0.0085 *** (4.10)
$\ln Odi_{ijt} * \ln Market_{ijt}$	0.0098 ** (2.52)	0.0209 ** (2.09)	0.0072 *** (3.92)	0.0044 *** (4.24)
AR（1）	-2.0020	-1.2900	-1.5748	-3.1108
AR（2）	-0.4846	-0.31142	1.5733	2.2618
Sargan χ^2 统计量	9.4846	8.9011	1.5774	4.9163
P 值	0.0912	0.0117	1.0000	0.0781
Wald 值	396.07	351.40	73.04	171.38
样本数	470	318	126	981

注：括号内为 z 统计值，*** 、** 、* 分别表示在 1% 、5% 、10% 水平上显著；所有回归中均控制城市和年份虚拟变量。

就阶段性检验而言，中西部城市制造业规模、对外直接投资以及东部城市对外直接投资系数及显著性与前文结果基本一致；但是危机后样本交互项系数较之危机前样本更加显著，且主要体现于研发水平与对外直接投资交互项系数的显著性上。造成这种差异的原因在于，在金融危机之后，随着经济逐步由注重总量规模的高速增长阶段逐步过渡到注重结构优化的稳步增长阶段，获取国外高级要素和促进国内制造业结构升级也就成为了中国进行对外直接投资的重要目标导向。在这一背景下，东部城市技术搜寻型对外直接投资规模也有了较快扩张，由技术溢出效应所引发的向中西部城市传统制造业转移也就更为频繁。

同时，通过将东部城市对不同层级的中西部城市数据进行重新匹配和回归，结果表明模型主要变量符号及显著性并未发生太大变化，说明实证结果比较稳定。然而，省会城市样本条件下的东部城市工资水平与制造业对外直接投资交互项系数较为显著，东部城市效率搜寻型对外直接投资会导致制造业更多地转移至中西部省会城市，这与中西部省会城市收入水平相对较高、市场需求能力较好存在密切关系。非省会城市样本条件下的东部城市研发水平与制造业对外直接投资交互项系数较为显著，技术搜寻型对外直接投资会导致东部城市在转移制造业时更青睐于中西部非省会城市，主要原因在于非省会城市资源相对集中，传统制造业进入门槛较低等。另外，控制变量回归系数符号与前文完全一致。二阶自相关检验、Sargan 检验结果均表明本章系统 GMM 估计结果及相关结论的有效性。

第四节 小结

本章在分析对外直接投资影响国内区域制造业转移效应的发生机制基础上，通过距离平减因子构建了一个基准模型和含东部城市工资水平、研发水平、市场潜力与制造业对外直接投资的交互项的拓展模型，选取 2003～2012 年中国按东中西部地区分组的 169 个城市面板数据，运用系统 GMM 方法研究了中国东部城市各类动机对外直接投资对中西部城市制造业规模的影响和区域制造业转移的具体路径方面的问题。研究发现：

第一，东部城市各类动机对外直接投资均对中西部城市制造业规模有着显著正向影响。在短期内，效率搜寻型对外直接投资的出口替代效应和国际竞争效应主要会影响东部城市外部市场需求，触发其向中西部城市的"扩张型"制造业转移，而技术搜寻型对外直接投资的技术溢出效应和市场搜寻型对外直接投资的资本转移效应则会挤占东部城市传统制造业的生存空间，引起向中西部城市的"衰退型"制造业转移。

第二，分区位样本估计结果显示，由于东北部城市、北部沿海城市和东部沿海城市加工制造业所占份额较小，效率搜寻型对外直接投资的国际竞争效应和出口替代效应更易于引起加工制造业从这些城市工业体系中分离，并向中西部城市转移以寻求市场；同时北部沿海城市和东部沿海城市技术吸收能力较强和重化工业产能过剩问题比较突出，技术搜寻型对外直接投资和市场搜寻型对外直接投资则是导致这些城市传统制造向中西部城市转移的另一原因。

第三，在金融危机之后，出于制造业结构优化的需要，东部城市加快实施了多元化对外直接投资战略，技术搜寻型对外直接投资的技术溢出效应在推动东部城市向中西部城市制造业转移过程中的作用日益重要；同时，东部城市总是倾向于对中西部省会城市实施"扩张型"制造业转移，而对中西部非省会城市则实施"衰退型"制造业转移。

第八章　结论、启示与展望

第一节　研究结论

（1）本书从贸易结构视角对对外直接投资和对外产业转移关系的研究发现，中国"顺梯度"和"逆梯度"对外直接投资动机存在显著差异。其中，前者主要是为了获取发展中国家丰富的资源，后者则主要是为了获取发达国家先进生产技术。与此同时，中国"顺梯度"对外直接投资有利于初级产业向发展中国家转移，而"逆梯度"对外直接投资则会加强中国与发达国家制造业内贸易。

（2）本书从资本要素视角对对外直接投资和制造业空心化关系的研究发现，对外直接投资会造成中国资本项目逐渐由盈余状态向逆差状态转变，是中国过剩产能对外输出的重要手段。但需要警惕的是，在此过程中，资本存量缩减会导致中国实际利率上升，进而导致制造业资本向非制造业资本转移，"脱实向虚"的"离制造化"可能成为中国对外直接投资所引起的制造业空心化的主要类型。

（3）本书从结构传导视角对对外直接投资和承接国际产业转移的关系研究发现，中国对外直接投资存在影响利用外资的间接效应，且总体为正。中国能否通过此间接效应承接更具竞争力的高端制造业与对外直接投资动机密切相关。效率搜寻型对外直接投资有利于中国劳动密集型的加工制造业向外转移，而技术搜寻型对外直接投资则能促进国内制造业转型升级，均能为中国承接高端制造业创造有利条件。与此同时，相较于中西部地区，东部地区对外直接投资对其承接国际高端制造业的正向影响更为明显。

（4）本书从本地市场视角对对外直接投资和区域产业转移的关系研究发现，中国对外直接投资存在影响国内区域制造业转移的间接效应。对外投资规模扩大是造成当前中国东部地区向中西部地区转移制造业的重要原因。其中，效率搜寻型对外直接投资会促进东部对中西部地区的"扩张型"制造业转移,而技术搜寻型和市场搜寻型对外直接投资则会促进东部对中西部地区的"衰退型"制造业转移。

第二节　政策启示

一、提升对外产业转移效率

本书研究结论对我国实行差异化的投资策略和实现更有效率的对外产业转移具有重要的政策启示。

第一,中国需要推进对发展国家的互惠投资,为中国初级产业进入该领域创造更好的条件。

向发展中国家转移初级产业生产链既能有效地解决中国要素成本上升的压力,也能通过优化产业间资源配置以促进结构升级。通过对发展中国家的互惠投资,增强对其产业基础设施建设的资金和技术支持,实现双边共赢;同时推进更多政府层面的合作,既有利于增强中国与发展中国家的政治互信,化解中国开发利用发展中国家资源时所导致的不安情绪,也能减少中国对发展中国家初级产业投资的摩擦性因素。

第二,中国需要增加对发达国家的制造业投资规模,开辟更多技术获取渠道,提升中国制造业生产水平和出口规模。

当前中国制造业生产仍处于全球价值链的低端,且以加工贸易为主,技术含量较低。需要鼓励一部分具有自主创新能力和吸收能力的制造企业进驻发达国家市场,实施海外投资战略,或是直接建立海外研发机构,利用当地优质研发资源与环境,获得核心生产技术,抑或是适时通过跨国并购来进行技术买断,并以此为基础,促进国内制造行业的技术升级,并增加对发达国家的出口规模,进而巩固和优化中国制造业地位。

二、防范制造业空心化

本书研究结论对推动我国制造业良性健康发展和防范制造业空心化的出现具有重要的政策启示。

第一,进一步强化制造业引进和利用外资,维持资本项目平衡。近年来,随着制造业对外直接投资的迅速增加,出现了忽视引进和利用外资的观点和倾向。

实际上，与美国为首的后工业化国家相比，中国依然面临着制造业资本总量不足和发展水平不高等突出问题，如果形成以资本输出为主和资本流入为辅的"大出小进"的投资模式，会使制造业面临严重的资金紧缺问题。而对于正处于经济转型期的中国而言，资本仍然是制造业发展过程中广泛且迫切需要的要素。应继续发挥中国的市场潜力和释放"改革红利"政策，加强对制造业外商投资的政策保障，优化市场竞争环境，以此增强对制造业外资的持久吸引力。党的十八大提出要提高利用外资综合优势和总体效率，只有这样才能最终实现制造业外资和内资的优化配置，保持资本项目平衡和利率稳定，减少资本脱离制造业的风险。

第二，鼓励制造业企业"走出去"，促进制造业过剩资本对外输出。随着中国前期高度依赖以投资驱动为主的粗放型经济增长方式，制造业部门出现了大量剩余资本。截至2013年12月底，中国工业生产者出厂价格（PPI）已经经历了近22个月的"负增长"，特别是钢铁、有色金属等传统制造业部门的产能过剩问题格外突出。这也预示着短期内制造业资本输出会导致剩余资本的减少，并不会因产业链整体搬迁而导致制造业"离本土化"的系统性风险。据此，大力支持制造企业"走出去"，降低制造业对利率的敏感性，也就成为了当前政策制定的重点。结合产能过剩制造行业的比较优势和具体特征，制定针对性的企业"走出去"策略。

第三，将对外直接投资与促进制造业发展模式转变相结合，实现制造业结构升级。鉴于劳动密集型制造业对实际利率更敏感，更有可能因对外直接投资而出现"离制造化"问题。根据中国不同地区的制造业结构特征，需要实行差异化政策：一是对于东部地区，通过对外直接投资加快制造业发展模式由初级要素驱动向高级要素驱动转变，实现制造业结构升级。政策重点在于实施技术导向或效率导向等多样化对外投资战略，拓宽高级要素来源，促进现代制造业发展和吸引制造业资本回流。二是对于中西部地区，应以避免制造业资本"脱实向虚"为目标，将承接东部地区产业转移和制造业对外直接投资相结合。由于中西部现有制造业基础对实际利率等要素成本更为敏感，短期内不宜过分强调制造业对外直接投资，应通过对东部地区转移制造业的承接以保证充足的资本供应，避免资本过快流向虚拟经济领域。从长期来看，为了实现制造业更高层次的发展，中西部地区应在实现制造业稳固发展的基础之上，积极开展对外直接投资，实现制造业结构转型升级，以增强对制造业资本的吸附力。

三、优化制造业分工地位

本书研究结论对通过"走出去"来提升中国承接国际制造业转移层级和优化制造业分工地位有着重要政策启示。

1. 将对外直接投资与促进制造业发展模式转变相结合，形成承接国际高端制造业转移的持久机制

鉴于国内结构升级是吸引高端制造业外资进入的基础，中国需要特别注意通过对外直接投资促进制造业发展模式由初级要素驱动向高级要素驱动转变。政策重点在于将获取国外知识技术、管理经验等战略性资产作为中国下一阶段对外直接投资的主要目标，鼓励中国装备制造、电子信息等产业加快对外资本输出和参与国际竞争，充分发挥国外研发类企业或分支机构的"学习效应"，以实现国内先进制造业的关键技术突破和提升企业自主创新能力，进而推动国内制造业转型升级，为中国持续扩大承接国际高端制造业转移规模奠定良好的技术条件。

2. 将对外直接投资与利用制造业外资的结构性调控相结合，形成承接国际高端制造业转移的倒逼机制

随着中国经济步入了"调结构、稳增长"的新常态阶段，针对制造业外资的结构性调控也自然成为了题中应有之义。中国要充分注重对外直接投资和对制造业外资定向调控对承接国际高端制造业转移的倒逼机制，不仅要通过对外直接投资对国内结构优化的途径来为高端制造业外资进入创造良好的市场环境，同时对不同层级制造业外资也需要差别化对待。例如，通过兴建高新技术产业园区和完善配套基础设施的方式，发挥集聚效应的外部性；建立有利于高端制造业外商企业的融资体系，对技术领军企业进行适当政策倾斜，从而降低高端制造业外资在华生产和经营的交易成本。另外，中国应适当提高市场已相对饱和的低附加值加工制造业外资的进入门槛，避免国际分工地位的固化。

3. 将对外直接投资与国内区域间制造业分工优化相结合，形成承接国际高端制造业转移的协调机制

由于中国各区域经济发展水平存在较大差距，这就需要各区域在考虑自身实际的基础上，利用对外直接投资来提升当地制造业竞争力，借此为承接具有比较优势的国际制造业转移创造有利条件。东部地区作为中国制造业发展的"雁首"，通过实施技术导向和效率导向等多样化对外投资战略，在将传统制造业的加工环节转移出去的同时，拓宽现代制造业发展的空间，率先实现制造业结构升级和成为中国利用高端制造业外资的"前沿阵地"。中西部地区制造业基础普遍薄弱，在短期内难以对高端制造业进入形成吸引力，需要通过对东部地区转移制造业的承接以实现制造业更高层次的发展，并适时开展对外直接投资，促进结构升级和形成承接国际高端制造业转移的后发优势。

四、促进区域制造业平衡发展

本书研究结论对通过"走出去"来促进国内区域间制造业平衡发展具有重

要的政策启示。

虽然东部城市在对外直接投资动机上存在较大差异，但均能通过各自途径对其制造业结构产生间接影响，采取有效的区域转移策略，既有利于实现东部城市发展模式转变和市场扩张目标，同时也能促进中西部城市承接的制造业资本与所在地市场潜力和要素禀赋相结合，实现跨越式发展。因此，加快实施多重动机导向的制造业对外直接投资战略和强化区域间市场联系和生产协作是提高东部城市向中西部城市制造业转移效率的重要途径。对于东部城市，通过对外直接投资加快制造业发展模式由初级要素驱动向高级要素驱动转变，构建新型比较优势和实现制造业结构升级，加速推动传统制造业资本向中西部城市转移；而对于中西部城市，则需要结合自身经济发展水平，在尊重产业发展一般规律的前提下，承接贴合本地市场需求和优势要素特征的东部城市的制造业转移，深化区域间专业化分工。从长期来看，强化东部城市和中西部城市之间的制造业横纵向联系和联动增长，对于缩小区域间制造业发展差距和提升中国制造业整体竞争力至关重要。

第三节　研究展望

本书对于对外直接投资与对外产业转移、承接国际产业转移及国内区域产业转移的关系从数理分析和实证检验方面做了尝试性和探索性的研究，得到了丰富而有意义的结论，但由于数据、研究角度以及作者水平的限制，本书还存在很多不足和有待进一步研究的问题。

第一，研究深度和精度受到数据限制。由于缺乏企业层面对外直接投资的有效数据，本书无法从微观层面的企业行为角度探讨对外直接投资的产业转移效应。实际上，企业作为市场主体，其背后的投资动机和投资决策往往决定了产业资本流向，企业对外直接投资领域和规模又与其自身的生产率密切相关。如果能从企业的异质性角度来检验对外直接投资与产业选择，那么可能得到更加细致且有意义的实证结果。同时，由于商务部仅公布了各省对外直接投资的总量数据，在对我国省份层面或城市层面制造业对外直接投资规模进行测度时，使用的是近似估计数据，虽然得到的研究结论符合预期，但仍无法完全规避回归过程中因数据质量问题而对最终结果所产生的影响。因此，本书研究结论需要得到更加细致的微观数据和更为准确的行业数据的支撑。

第二，产业转移指标测度问题。由于现有研究中缺乏对产业转移的直接测度指标，本书在研究承接国际产业转移、对外产业转移和区域产业转移时，分别基于实际利用外资、贸易结构和区域间制造业投资规模进行间接测度，既无法对产业转移规模进行量化分析，也无法严格区分产业转移的结构性特征。可行的思路是，一方面，可以基于产业集聚指标的时间演变特征，构建合适的产业转移指标；另一方面，则可利用网络分析方法或在空间计量方法上找到我国与东道国以及国内各区域之间的产业联系和规律。这也是我们今后需要审慎思考和加以努力的地方。

第三，研究未能深入到产业分工的环节层面。在全球价值链正逐步形成和日益完善的背景之下，国际分工已经从产业层面深入到具体环节层面，如果仅研究中观产业的转移问题，无法窥探到当今分工格局的全貌。而以部门为单元，通过投入产出方法研究我国及国内各区域之间的产出规模变化，据此判断我国对产业内各部门的承接、对外转移以及国内区域转移特征，具有十分重要的现实意义。因此，这也成为我们今后进一步检验对外直接投资的产业部门转移效应的一个重要方向。

附　录

附录 1　国民经济行业分类（GB/T 5754—2011）

附表 1　国民经济行业分类

产业	门类行业代码及名称	大类行业代码及名称
第一产业	A：农、林、牧、渔业	A01：农业 A02：林业 A03：畜牧业 A04：渔业 A05：农、林、牧、渔服务业
第二产业	B：采矿业 C：制造业 D：电力、燃气及水的生产和供应业 E：建筑业	B06：煤炭开采和洗选业 B07：石油和天然气开采业 B08：黑色金属矿采选业 B09：有色金属矿采选业 B10：非金属矿采选业 B11：其他采矿业 C12：农副食品加工业 C13：食品制造业 C14：饮料制造业 C15：烟草制造业 C16：纺织业 C17：纺织服装、鞋、帽制品业 C18：皮革、毛皮、羽毛（绒）及其制品业 C19：木材加工及木、竹、藤、棕、草制品业 C20：家具制造业 C21：造纸及纸制品业 C22：印刷业和记录媒介的复制

续表

产业	门类行业代码及名称	大类行业代码及名称
第二产业	B：采矿业 C：制造业 D：电力、燃气及水的生产和供应业 E：建筑业	C23：文教体育用品制造业 C24：石油加工、炼焦及核燃料加工业 C25：化学原料及化学制品制造业 C26：医药制造业 C27：化学纤维制造业 C28：橡胶制品业 C29：塑料制品业 C30：非金属矿物制造业 C31：黑色金属冶炼及压延加工业 C32：有色金属冶炼及压延加工业 C33：金属制品业 C34：通用设备制造业 C35：专用设备制造业 C36：交通运输设备制造业 C37：电气机械及器材制造业 C38：通信设备、计算机及其他电子设备制造业 C39：仪器仪表及文化、办公用品制造业 C40：工艺品及其他制造业 C41：废弃资源和废旧材料回收加工业 D42：电力、热力的生产和供应业 D43：燃气生产和供应业 D44：水的生产和供应业 E45：房屋和土木工程建筑业 E46：建筑安装业 E47：建筑装饰业 E48：其他建筑业
第三产业	F：交通运输、仓储和邮政业 G：信息传输、计算机服务和软件业 H：批发和零售业 I：住宿和餐饮业 J：金融业 K：房地产业 L：租赁和商务服务业 M：科学研究、技术服务和地质勘探业 N：水利、环境和公共设施管理业 O：居民服务和其他服务业 P：教育 Q：卫生、社会保障和社会福利业	F49：铁路运输业 F50：道路运输业 F51：城市公共交通业 F52：水上运输业 F53：航空运输业 F54：管道运输业 F55：装卸搬运和其他运输服务业 F56：仓储业 F57：邮政业 G58：电信和其他信息传输服务业 G59：计算机服务业 G60：软件业

产业	门类行业代码及名称	大类行业代码及名称
第三产业	R：文化、体育和娱乐业 S：公共管理和社会组织 T：国际组织	H61：批发业 H62：零售业 I63：住宿业 I64：餐饮业 J65：银行业 J66：证券业 J67：保险业 J68：其他金融活动 K69：房地产业 L70：租赁业 L71：商务服务业 M72：研究与试验发展 M73：专业技术服务业 M74：科技交流和推广服务业 M75：地质勘查业 N76：水利管理业 N77：环境管理业 N78：公共设施管理业 O79：居民服务业 O80：其他服务业 P81：教育 Q82：卫生 Q83：社会保障业 Q84：社会福利业 R85：新闻出版业 R86：广播、电视、电影和音像业 R87：文化艺术业 R88：体育 R89：娱乐业 S90：中国共产党机关 S91：国家机构 S92：人民政协和民主党派 S93：群众团体、社会团体和宗教组织 S94：基层群众自治组织 T95：国际组织

附录 2   Heckman 两步法选择方程回归结果

附表 1   含动机因素的中国对外直接投资引力方程估计结果（选择方程）

变量	顺梯度	逆梯度
常数项	0.513 ***	36.460
	(2.20)	(0.02)
$Bord_{ij}$	4.860	—
	(0.02)	
$Lang_{ij}$	4.663	39.364
	(0.02)	(0.02)
w_1	0.023 ***	0.039
	(2.66)	(0.55)
w_2	0.042 ***	0.024 ***
	(2.95)	(2.62)
w_3	-0.005 ***	-0.098 ***
	(-2.47)	(-4.84)
w_4	-0.003 ***	-0.005
	(-3.10)	(-0.30)
w_5	0.020 ***	0.232 ***
	(2.77)	(4.70)
w_6	0.007 ***	3.515 ***
	(4.04)	(3.02)
观测值	789	280

注：括号内为 t 统计值，***、**、* 分别表示在 1%、5%、10% 水平上显著。

附表 2   中国初级产业贸易结构决定方程的 Heckman 两步法估计结果（选择方程）

变量	顺梯度（出口）	顺梯度（进口）	逆梯度（出口）	逆梯度（进口）
常数项	0.608	4.797 ***	-3.308	-4.639 **
	(1.07)	(3.85)	(-1.52)	(-2.21)
$Bord_{ij}$	4.069	8.443	—	—
	(0.03)	(0.07)		
$Lang_{ij}$	5.182	3.081	6.239	7.962
	(0.01)	(0.03)	(0.73)	(0.31)
w_1	0.015	0.017	0.007	0.029
	(0.34)	(0.22)	(0.09)	(0.43)

变量	顺梯度（出口）	顺梯度（进口）	逆梯度（出口）	逆梯度（进口）
w_2	0.026 (1.46)	0.039 (0.91)	0.019 (0.47)	0.044 (1.18)
w_3	-0.029* (-1.66)	-0.048 (-1.63)	-0.042*** (-3.20)	-0.050*** (-3.62)
w_4	-0.005*** (-6.79)	-0.005*** (-3.08)	-0.065*** (-3.69)	-0.056*** (-3.72)
w_5	0.083*** (2.57)	0.015*** (2.70)	0.376*** (6.09)	0.442*** (8.36)
w_6	0.008 (1.41)	0.199*** (2.44)	0.275 (1.44)	0.378* (1.89)
观测值	616	616	259	259

注：括号内为 t 统计值，***、**、* 分别表示在1%、5%、10%水平上显著。

附表3　中国制造产业贸易结构决定方程的 Heckman 两步法估计结果（选择方程）

变量	顺梯度（出口）	顺梯度（进口）	逆梯度（出口）	逆梯度（进口）
常数项	4.491*** (3.64)	1.952** (2.40)	-4.154** (-2.01)	-6.115*** (-2.66)
$Bord_{ij}$	3.362 (0.65)	4.603 (0.99)	—	—
$Lang_{ij}$	2.027*** (4.25)	4.237 (0.37)	6.624 (0.96)	9.249 (0.16)
w_1	0.006 (0.01)	0.003 (0.05)	0.052 (0.73)	0.030 (0.42)
w_2	0.012 (0.29)	0.015 (0.55)	0.022 (0.52)	0.032 (0.75)
w_3	-0.023 (-0.47)	-0.055* (-1.95)	-0.055*** (-3.89)	-0.039** (-2.56)
w_4	-0.008*** (-4.78)	-0.007*** (-7.62)	-0.074*** (-4.43)	0.078*** (4.31)
w_5	0.028 (0.42)	0.073 (1.52)	0.379*** (6.01)	0.404*** (7.37)
w_6	0.218*** (2.86)	0.008 (0.88)	0.329* (1.74)	0.507** (2.29)
观测值	616	616	259	259

注：括号内为 t 统计值，***、**、* 分别表示在1%、5%、10%水平上显著。

附表 4　初级产业阶段性检验结果（选择方程）

变量	样本阶段：2003～2008 年			
	顺梯度（出口）	顺梯度（进口）	逆梯度（出口）	逆梯度（进口）
常数项	1.235 (1.38)	4.381*** (2.66)	-4.193** (-2.35)	-4.474** (-2.51)
$Bord_{ij}$	3.925 (0.02)	3.503 (0.01)	—	—
$Lang_{ij}$	3.462 (0.01)	3.251 (0.01)	6.623 (0.02)	6.877 (0.26)
w_1	0.027 (0.43)	0.024 (0.23)	0.021 (0.22)	0.014 (0.16)
w_2	0.056** (2.24)	0.064 (1.14)	0.016 (1.02)	0.009 (1.11)
w_3	-0.019 (0.75)	-0.065* (-1.90)	-0.024 (-1.42)	-0.017 (-1.04)
w_4	-0.005*** (-4.97)	-0.005*** (-2.77)	-0.050** (-2.53)	-0.059*** (-3.07)
w_5	0.155*** (3.35)	0.090 (1.38)	0.362*** (5.27)	0.364*** (5.43)
w_6	0.010 (0.67)	0.196** (2.18)	0.318** (2.09)	0.329** (2.14)
观测值	352	352	155	155
变量	样本阶段：2009～2012 年			
	顺梯度（出口）	顺梯度（进口）	逆梯度（出口）	逆梯度（进口）
常数项	1.074* (1.89)	8.587* (1.83)	-10.352** (-2.48)	-10.498** (-2.52)
$Bord_{ij}$	4.282 (0.23)	4.257 (0.71)	—	—
$Lang_{ij}$	4.234 (0.64)	4.169* (1.99)	7.465 (0.01)	6.374 (0.21)
w_1	0.028 (0.25)	0.012 (0.45)	0.075 (0.34)	0.073 (0.33)
w_2	0.001 (0.05)	0.002 (0.93)	0.017 (0.26)	0.014 (0.22)
w_3	-0.030 (-1.13)	-0.020 (-0.24)	-0.151*** (-2.90)	-0.153*** (-2.93)

变量	样本阶段：2009～2012 年			
	顺梯度（出口）	顺梯度（进口）	逆梯度（出口）	逆梯度（进口）
w_4	-0.009***	-0.015***	-0.225***	-0.229***
	(-4.74)	(-6.51)	(-3.01)	(-3.06)
w_5	0.039***	0.200***	0.683***	0.691***
	(2.69)	(3.27)	(4.81)	(4.90)
w_6	0.008**	0.622*	0.948***	0.965***
	(2.05)	(1.67)	(2.62)	(2.52)
观测值	264	264	116	116

注：括号内为 t 的统计值，***、**、* 分别表示在 1%、5%、10% 水平上显著。

附表 5　制造产业阶段性检验结果（选择方程）

变量	样本阶段：2003～2008 年			
	顺梯度（出口）	顺梯度（进口）	逆梯度（出口）	逆梯度（进口）
常数项	5.449**	1.793	-1.481***	-1.456**
	(2.56)	(1.26)	(-2.98)	(-2.44)
$Bord_{ij}$	3.117	3.941	—	—
	(0.01)	(0.07)		
$Lang_{ij}$	2.702***	3.664***	6.791	9.482
	(3.71)	(3.98)	(0.81)	(0.64)
w_1	0.046	0.081	0.036	0.032
	(0.38)	(0.83)	(0.90)	(0.73)
w_2	0.110	0.012	0.051	0.053
	(1.43)	(0.31)	(0.62)	(1.28)
w_3	-0.033	-0.088*	-0.015*	-0.019*
	(-0.58)	(-1.94)	(-1.92)	(-1.71)
w_4	-0.007***	-0.006***	-0.008***	-0.006***
	(-3.32)	(-4.61)	(-2.98)	(-3.66)
w_5	0.056	0.085	0.362***	0.379***
	(0.51)	(1.10)	(5.36)	(5.98)
w_6	0.251**	0.140***	0.323**	0.264***
	(2.14)	(2.66)	(2.29)	(2.95)
观测值	352	352	155	155

续表

变量	样本阶段: 2009~2012 年			
	顺梯度 (出口)	顺梯度 (进口)	逆梯度 (出口)	逆梯度 (进口)
常数项	6.316*** (4.80)	2.288 (1.17)	-3.606*** (-2.55)	-3.492*** (-2.81)
$Bord_{ij}$	4.856 (0.51)	4.004 (0.12)	—	—
$Lang_{ij}$	4.186*** (3.18)	4.739* (1.95)	4.263 (1.12)	4.247 (1.49)
w_1	0.039 (0.57)	0.066 (0.38)	0.082 (0.39)	0.087 (0.48)
w_2	0.024 (1.05)	0.069 (1.32)	0.012 (0.20)	0.009 (0.16)
w_3	-0.027** (-2.63)	-0.122*** (-2.73)	-0.131*** (-2.81)	-0.099*** (-2.72)
w_4	-0.007** (-2.14)	-0.009*** (-3.02)	-0.178*** (-3.22)	-0.153*** (-3.72)
w_5	0.073*** (4.49)	0.322** (2.39)	0.652*** (4.87)	0.529*** (5.05)
w_6	0.673** (2.48)	0.009 (0.66)	0.240** (2.04)	0.242** (2.09)
观测值	264	264	116	116

注: 括号内为 t 统计值, ***、**、* 分别表示在 1%、5%、10% 水平上显著。

参考文献

[1] Aharoni Y. , Hirsch S. The Competitive Potential of Technology-Intensive Industries in Developing Countries [M]. The World Economy Challenges of Globalization and Regionalization, 1996: 99 - 118.

[2] Akamatsu K. A Historical Pattern of Economic Growth in Developing Countries [J]. Journal of Developing Economies, 1962, 1 (1): 3 - 25.

[3] Antras P. Firms, Contracts, and Trade Structure [J]. Quarterly Journal of Economics, 2003, 118 (4): 1375 - 1418.

[4] Belderbos R. A. Large Multinational Enterprises Based in a Small Economy: Effects on Domestic Investment [J]. Weltwirtschaftliches Archiv, 1992 (128): 543 - 557.

[5] Bevan A. A. , Estrin S. The Determinants of Foreign Direct Investment into European Transition Economies [J]. Journal of Comparative Economics, 2004, 32 (4): 775 - 787.

[6] Bergstrand J. H. , Egger P. A Knowledge-and Physical-capital Model of International Trade Flows, Foreign Direct Investment and Multinational Enterprises [J]. Journal of International Economics, 2007 (73): 278 - 308.

[7] Blundell R. , Bond S. Initial Conditions and Moment Restrictions in Dynamic Panel Data Models [J]. Journal of Econometrics, 1998, 87 (1): 115 - 143.

[8] Blomstrom M. , Konan D. E. , Lipsey R. E. FDI in the Restructuring of the Japanese Economy [R]. NBER Working Paper, 2000: 7693.

[9] Bos J. W. B. , Frömmel M. , Lamers M. FDI, Terrorism and the Availability Heuristic for U. S. Investors before and after 9/11 [M]. Maastricht University, Graduate School of Business and Economics, 2013.

[10] Braunerhjelm P. , Oxelheim L. Does Foreign Direct Investment Replace Home Country Investment? The Effect of European Integration on the Location of

Swedish Investment [R]. IUI Working Paper, 1999: 522.

[11] Buckley P. J. , Casson M. The Future of the Multinational Enterprise [M]. London: Macmillan, 1976.

[12] Caves R. E. International Corporations: The Industrial Economics of Foreign Investment [J]. Economica, 1971, 38 (149): 1 - 27.

[13] Cheng L. K. , Kwan Y. K. What are the Determinants of the Location of Foreign Direct Investment? The Chinese Experience [J]. Journal of International Economics, 2000, 51 (2): 379 - 400.

[14] Chen C. H. Regional Determinants of Foreign Direct Investment in Mainland China [J]. Journal of Economic Studies, 1996, 23 (2): 18 - 30.

[15] Cowling K. , Tomlinson P. The Japanese Model in Retrospective: Industrial Strategies, Corporate Japan and the "Hollowing Out" of Japanese Industry [J]. Policy Studies, 2011, 32 (6): 569 - 583.

[16] Coughlin C. C. , Terza J. V. , Arromdee V. State Characteristics and the Location of Foreign Direct Investment Within the United States [M]. The Review of Economics and Statistics, 1991: 675 - 683.

[17] Davidson W. H. The Location of Foreign Direct Investment Activity: Country Characteristics and Experience Effects [J]. Journal of International Business Studies, 1977, 11 (2): 9 - 22.

[18] Desai M. A. , Foley C. F. , Hines J. R. Foreign Direct Investment and the Domestic Capital Stock [J]. American Economic Review, 2005 (95): 33 - 38.

[19] Dunning J. H. Trade, Location of Economic Activities, and the MNE: A Search for an Eclectic Approach [M]. London: Macmillan, 1977.

[20] Dunning J. H. Explaining the International Direct Investment Position of Countries: Towards a Dynamic or Developmental Approach [J]. Weltwirtschaftliches Archiv, 1981, 117 (1): 30 - 64.

[21] Dunning J. H. The Eclectic Paradigm of International Production: A Restatement and Some Possible Extensions [J]. Journal of International Business Studies, 1988, 19 (1): 1 - 31.

[22] Dunning J. H. Location and the Multinational Enterprise: A Neglected Factor & Quest [J]. Journal of International Business Studies, 2009, 40 (1): 5 - 19.

[23] Eicher T. S. , Helfman L. , Lenkoski A. Robust FDI determinants: Bayesian Model Averaging in the Presence of Selection Bias [J]. Journal of Macroeconomics, 2012 (34): 637 - 651.

［24］ Fujita M. , Krugman P. , Venables A. The Spatial Economy: Cities, Regions and International Trade ［M］. The MIT Press, Cambridge, 1999.

［25］ Glass A. J. , Saggi K. Multinational Firms and Technology Transfer ［C］. World Bank Policy Research Paper, 1998: 2067.

［26］ Harris C. D. The Market as a Factor in the Localization of Industry in the United States ［J］. Annals of the Association of American Geographers, 1954, 44 (4): 315 – 348.

［27］ Hewings G. J. D. A Review, Evaluation, and Strategy for Regional and Interregional Modeling in Indonesia ［M］. Discussion Paper, Regional Economics Applications Laboratory, Urbana: University of Illinois, 1996.

［28］ Hejazi W. , Pauly P. Motivations for FDI and Domestic Capital Formation ［J］. Journal of International Business Studies, 2003, 34 (3): 282 – 289.

［29］ Herzer D. , Schrooten M. Outward FDI and Domestic Investment in Two Industrialized Countries ［J］. Economics Letter, 2008, 99 (1): 139 – 143.

［30］ Helpman E. A Simple Theory of International Trade with Multinational Corporations ［J］. The Journal of Political Economy, 1984, 92 (3): 451 – 471.

［31］ Hiley M. The Dynamics of Changing Comparative Advantage in the Asia – Pacific Region ［J］. Journal of the Asia Pacific Economy, 1999, 4 (3): 446 – 467.

［32］ Hochberg Y. V. , Ljungqvist A. , Lu Y. Whom You Know Matters: Venture Capital Networks and Investment Performance ［J］. Journal of Finance, 2007, 62 (1): 251 – 301.

［33］ Huang Y. , Wang B. Investing Overseas but Without Moving the Factories Aboard: The Case of Chinese Outward Direct Investment ［J］. Asian Development Reviews, 2013.

［34］ Hymer S. H. The International Operations of National Firms: A Study of Direct Foreign Investment ［M］. The MIT Press, 1960.

［35］ Isard W. Location and Space-Economy ［M］. The MIT Press, Cambridge (Mass), 1956.

［36］ Jones R. W. , Kierzkowski H. International Fragmentation and the New Economic Geography ［J］. The North American Journal of Economics and Finance, 2005, 16 (1): 1 – 10.

［37］ Johnson H. G. International Factor Movement and the Theory of Tariff and Trade ［J］. Quarterly Journal of Economics, 1967 (81): 1 – 38.

［38］ Keller W. Geographic Localization of International Technology Diffusion

[J]. American Economic Review, 2002, 92 (1): 120 – 142.

[39] Kim Y. J. A Model of Industrial Hollowing-out of Neighboring Countries by the Economic Growth of China [J]. China Economic Review, 2007, 18 (2): 122 – 138.

[40] Kim S. Y. , Lee J. W. Real and Financial Integration in East Asia [J]. Review of International Economics, 2012, 20 (2): 332 – 349.

[41] Kindleberger C. P. American Business Abroad [J]. The International Executive, 1969, 11 (2): 11 – 12.

[42] Kleinert J. Growing Trade in Intermediate Goods: Outsourcing, Global Sourcing, or Increasing Importance of MNE Networks? [J]. Review of International Economics, 2003, 11 (3): 464 – 482.

[43] Kojima K. Direct Foreign Investment: A Japanese of Multinational Business Operation [M]. London: Croom Helm, 1978.

[44] Krugman P. Increasing Returns and Economic Geography [J]. The Journal of Political Economy, 1991, 99 (3): 483 – 499.

[45] Krugman P. , Venables A. Globalization and the Inequality of Nations [J]. The Quarterly Journal of Economics, 1995, 110 (4): 857 – 880.

[46] Krugman P. , Venables A. Integration, Specialization and Adjustment [J]. European Economic Review, 1996, 40 (3 –5): 959 –967.

[47] Krugman P. R. How the Economy Organizes Itself in Space: A Survey of the New Economic Geography [M]. Santa Fe Institute, 1996.

[48] Lall S. The New Multinationals: The Spread of Third World Enterprises [M]. John Wiley & Sons, 1983.

[49] Lall S. The Technological Structure and Performance of Developing Country Manufactured Exports, 1985 – 1998 [J]. Oxford Development Studies, 2000, 28 (3): 337 –369.

[50] Lewis W. A. Reflections on the Structure of Nigerian Manufacturing Industry [M]. Ibadan University Press, 1977.

[51] Lipsey R. E. , Weiss M. Y. Foreign Production and Exports of Individual Firms [J]. Review of Economics and Statistics, 1984 (66): 304 – 308.

[52] Lipsey R. E. Home-and Host-country Effects of Foreign Direct Investment [M]. Challenges to Globalization: Analyzing the Economics, University of Chicago Press, 2004: 333 –382.

[53] Mathews J. A. Dragon Multinationals: New Players in 21st Century Global-

ization [J]. Asia Pacific Journal of Management, 2006 (23): 5 – 27.

[54] Meijers E. , Burger M. J. Spatial Structure and Productivity in US Metropolitan Areas [J]. Environment and Planning A, 2010 (6): 1383 – 1402.

[55] Minoru I. Hollowing-out of the Japanese Manufacturing and Regional Employment Development [R]. Working Paper, Japan Institute for Labor Policy and Training, 2006.

[56] Mundell R. A. International Trade and Factor Mobility [J]. The American Economic Review, 1957, 47 (3): 321 – 335.

[57] Myrdal G. Economic Theory and Underdeveloped Regions [M]. London: Duckworth, 1957.

[58] Ouyang P. , Fu, S. Economic Growth, Local Industrial Development and Inter-Regional Spillovers from Foreign Direct Investment: Evidence from China [J]. China Economic Review, 2012, 23 (2): 445 – 460.

[59] Ozawa T. Foreign Direct Investment and Economic Development [J]. Transnational Corporations, 1992 (1): 1 – 43.

[60] Pred A. R. Behaviour and Location: Foundations for a Geographic Dynamic Location Theory [M]. Studies in Geography, 1967.

[61] Ramstetter D. E. Is Japanese Manufacturing Really Hollowing Out? [R]. Working Paper, 2002.

[62] Simon H. A. Theories of Decision-Making in Economics and Behavioral Science [J]. American Economic Review, 1959, 49 (3): 253 – 283.

[63] Stevens G. V. G. , Lipsey R. E. Interactions between Domestic and Foreign Investment [J]. Journal of International Money and Finance, 1992: 1 – 67.

[64] Tang J. E. , Young L. L. P. , Altshuler R. The Spillover Effects of Outward Foreign Direct Investment on Home Countries [C]. Evidence From the United States. WP 15/03, 2015.

[65] Vennon R. International Investment and International Trade in the Product Cycle [J]. The Quarterly Journal of Economics, 1966, 80 (2): 190 – 207.

[66] Wells L. T. Third World Multinationals: The Rise of Foreign Investment from Developing Countries [M]. The MIT Press, Cambridge (Mass), 1983.

[67] Xu X. , Sheng Y. Are FDI Spillovers Regional? Firm-level Evidence from China [J]. Journal of Asian Economics, 2012, 23 (3): 244 – 258.

[68] Yang T. , Liao P. Product Cycle and Industrial Hollowing-out: The Case of the Electrical and Electronics Sector of Taiwan [C]. RIETI Discussion Paper Series

07 - E -055，2007.

　　[69] 储振国. 对产业空心化现象的分析和反思——以浙江省为例 [J]. 中南财经政法大学研究生学报，2013（4）：29 - 36.

　　[70] 陈传兴，杨雅婷. 中国对外直接投资的贸易效应分析 [J]. 国际经济合作，2009（10）：52 - 55.

　　[71] 蔡兴，刘子兰. 美国产业结构的调整与贸易逆差 [J]. 国际贸易问题，2012（10）：68 - 76.

　　[72] 陈景华. 中国 OFDI 来源的区域差异分解与影响因素——基于 2003 ~ 2011 年省际面板数据的实证研究 [J]. 数量经济技术经济研究，2014（7）：21 - 37.

　　[73] 陈磊，曲文俏. 中国—东盟自由贸易区贸易效应评析——基于 Heck-man 选择模型的研究 [J]. 经济与管理评论，2012（2）：50 - 57.

　　[74] 陈元朝. 国际代工模式下的本地产业空心化危机研究——基于长三角的实践 [J]. 现代经济探讨，2007（10）：68 - 71.

　　[75] 陈建军. 中国现阶段的产业区域转移及其动力机制 [J]. 中国工业经济，2002（8）：37 - 44.

　　[76] 陈秀山，徐瑛. 中国制造业空间结构变动及其对区域分工的影响 [J]. 经济研究，2008（10）：104 - 116.

　　[77] 柴林如. 中国对外直接投资对国内就业影响分析 [J]. 河北经贸大学学报，2008（5）：55 - 58.

　　[78] 蔡昉，王德文，曲玥. 中国产业升级的大国雁阵模型分析 [J]. 经济研究，2009（9）：4 - 14.

　　[79] 杜群阳，朱勤. 中国企业技术获取型海外直接投资理论与实践 [J]. 国际贸易问题，2004（11）：66 - 69.

　　[80] 段国蕊，臧旭恒. 中国式分权、地方政府行为与资本深化——基于区域制造业部门的理论和经验分析 [J]. 南开经济研究，2013（6）：37 - 53.

　　[81] 范小云，孙大超. 实体产业空心化导致发达国家的高主权杠杆？——基于发达国家主权债务危机的实证分析 [J]. 财经研究，2013（3）：112 - 122.

　　[82] 郭国云. 中国对外直接投资的产业选择 [J]. 统计研究，2008（9）：55 - 56.

　　[83] 高宇. 中国企业投资非洲：市场和资源导向——基于面板数据的 Tobit 分析 [J]. 国际经贸探索，2012（5）：82 - 93.

　　[84] 韩燕，钱春海. FDI 对我国工业部门经济增长影响的差异性——基于要素密集度的行业分类研究 [J]. 南开经济研究，2008（5）：143 - 152.

［85］胡立君，薛福根，王宇．后工业化阶段的产业空心化机理及治理［J］.中国工业经济，2013（8）：122 – 134.

［86］黄益平，何帆，张永生．中国对外直接投资研究［M］.北京：北京大学出版社，2013.

［87］黄凌云，罗琴，刘夏明．我国跨国公司 OFDI 的市场效应——基于不同所有制企业的分析［J］.国际贸易问题，2014（12）：125 – 135.

［88］洪俊杰，刘志强，黄薇．区域振兴战略与中国工业空间结构变动——对中国工业企业调查数据的实证分析［J］.经济研究，2014（8）：28 – 40.

［89］江小涓，杜玲．对外投资理论及其对中国的借鉴意义［J］.经济研究参考，2002（73）：32 – 44.

［90］贾妮莎，韩永辉，邹建华．中国双向 FDI 的产业结构升级效应：理论机制与实证检验［J］.国际贸易问题，2014（11）：109 – 120.

［91］揭水晶，吉生保，温晓慧．OFDI 逆向技术溢出与我国技术进步——研究动态及展望［J］.国际贸易问题，2013（8）：161 – 169.

［92］姜爱林．城镇化与工业化互动关系研究［J］.财贸研究，2004（3）：1 – 9.

［93］姜茜，李荣林．我国对外贸易结构与产业结构的相关性分析［J］.经济问题，2010（9）：3 – 8.

［94］刘同山，王曼怡．OFDI 对国内资本形成影响的实证分析［J］.金融与经济，2010（11）：32 – 34.

［95］刘海云，聂飞．中国对外直接投资的制造业空心化效应研究［J］.中国工业经济，2015（4）：83 – 96.

［96］刘海云，喻蕾．中国对外直接投资的产业空心化效应研究——基于东部地区工业数据的实证研究［J］.经济与管理研究，2014（9）：77 – 83.

［97］李磊，郑昭阳．议中国对外直接投资是否为资源寻求型［J］.国际贸易问题，2012（2）：146 – 157.

［98］刘红光，刘卫东，刘志高．区域间产业转移定量测度研究——基于区域间投入产出表分析［J］.中国工业经济，2011（6）：79 – 88.

［99］马静．中国对外直接投资的产业视角分析［J］.辽宁师范大学学报（社会科学版），2009（5）：40 – 43.

［100］马淑琴，张晋．中国 ODI 能导致产业空心化吗？——以浙江和广东为例［J］.经济问题，2012（7）：32 – 57.

［101］莫晓芳，宋德勇．外资并购影响我国产业结构的效应透视［J］.科技管理研究，2007（4）：56 – 57.

［102］潘悦. 国际产业转移的四次浪潮及其影响 ［J］. 现代国际关系，2006
（4）：23－27.

［103］覃成林，熊雪如. 我国制造业产业转移动态演变及特征分析——基于
相对净流量指标的测度 ［J］. 产业经济研究，2013（1）：12－21.

［104］綦建红，魏庆广. OFDI 影响国内资本形成的地区差异及门槛效应
［J］. 世界经济研究，2009（10）：53－58.

［105］隋月红. "二元"对外直接投资与贸易结构：机理与来自我国的证据
［J］. 国际商务（对外经济贸易大学学报），2010（6）：66－73.

［106］隋月红，赵振华. 我国 OFDI 对贸易结构影响的机理与实证——兼论
我国 OFDI 动机的拓展 ［J］. 财贸经济，2012（4）：81－89.

［107］石柳，张捷. 广东省对外直接投资与产业"空心化"的相关性研
究——基于灰色关联度的分析 ［J］. 国际商务（对外经济贸易大学学报），2013
（2）：52－64.

［108］孙浩进. 国际产业转移的历史演进及新趋势的启示 ［J］. 人文杂志，
2011（2）：85－88.

［109］魏巧琴，杨大楷. 对外直接投资与经济增长的关系研究 ［J］. 数量经
济与技术经济研究，2003（11）：93－97.

［110］魏后凯. 产业转移的发展趋势及其对竞争力的影响 ［J］. 福建论坛
（经济社会版），2003（4）：11－15.

［111］汪琪. 对外直接投资对投资国的产业结构调整效应及其传导机制
［J］. 国际贸易问题，2004（5）：73－77.

［112］王玉宝. 论中国对外直接投资的产业选择 ［J］. 生产力研究，2009
（6）：124－132.

［113］王英，刘思峰. 中国经济增长与对外开放度的灰色关联分析 ［J］. 对
外经贸实务，2003（2）：6－7.

［114］吴晓芳. "引进来"和"走出去"动态均衡发展探析 ［J］. 黑龙江对
外经贸，2009（11）：11－13.

［115］万丽娟，陈爽，石蕊. 西部地区 FDI 贸易效应中存在的问题及对策
［J］. 重庆大学学报（社会科学版），2011（5）：15－18.

［116］王剑，徐康宁. FDI 的地区聚集及其空间演化——以江苏为例的研究
［J］. 中国工业经济，2005（12）：61－67.

［117］王勋. 金融抑制与发展中国家对外直接投资 ［J］. 国际经济评论，
2013（1）：51－60.

［118］吴海民. 资产价格波动、通货膨胀与产业"空心化"——基于中国

沿海地区民营工业面板数据的实证研究 ［J］. 中国工业经济，2012 （1）：46-56.

［119］谢乔昕. OFDI 对于母国资本配置效率的影响效应研究——基于中国省际面板数据的考察 ［J］. 工业技术经济，2014 （3）：71-76.

［120］徐忠，徐荟竹，庞博. 金融如何服务于企业走出去 ［J］. 国际经济评论，2013 （1）：87-93.

［121］朱华. 基于区位拉动因素的中国企业 OFDI 动机的实证研究 ［J］. 科研管理，2014 （1）：139-149.

［122］周升起. OFDI 与投资国（地区）产业结构调整：文献综述 ［J］. 国际贸易问题，2011 （7）：135-144.

［123］郑迎飞，陈宏民. 东道国政府干预条件下外资并购的市场结构效应 ［J］. 产业经济研究，2006 （3）：12-17.

［124］张建刚，康弘，康艳梅. 就业创造还是就业替代——OFDI 对中国就业影响的区域差异研究 ［J］. 中国人口·资源与环境，2013 （1）：128-133.

［125］张宏，赵佳颖. 对外直接投资逆向技术溢出效应研究评述 ［J］. 经济学动态，2008 （2）：120-125.

［126］张军，吴桂英，张吉鹏. 中国省际物质资本存量估算：1952～2000 ［J］. 经济研究，2004 （10）：35-44.

［127］张弛. 论跨国公司的海外生产与母国的"产业空心化" ［J］. 世界经济，1994 （2）：42-46.

［128］张春萍. 中国对外直接投资的贸易效应研究 ［J］. 数量经济技术经济研究，2012 （6）：74-85.